Ich und Glück

Impressum:
ISBN: 978-3-903113-43-5

Media Quarter Marx 3.2
A-1030 Wien, Maria-Jacobi-Gasse 1

Produktion: Ilse Helmreich
Layout: Elisabeth Waidhofer
Lektorat: Tatjana Zimbelius
Herstellungsort: Wien
Besuchen Sie uns im Internet:
www.echomedia-buch.at

Ich und Glück

WIE GLÜCK SICH ANFÜHLT UND WAS ES FÜR SIE BEDEUTET
ERZÄHLEN HEINZ FISCHER, JANE GOODALL,
ADELE NEUHAUSER, MONIKA GRUBER,
GREGOR BLOÉB UND VIELE MEHR.

Rainer Candido

Christina Knauseder-Csipek

echomedia
BUCHVERLAG

»Nichts ist entspannender,
als das anzunehmen, was kommt.«

Dalai Lama

Inhalt

Vorwort

Ostersonntag 2012. Da war dieser beklemmende Moment auf der Westautobahn bei St. Georgen in Richtung Wien. Schneetreiben setzte ein, wenige Minuten zuvor sah ich mehrere Autos, komplett ineinander verkeilt. Da ging alles plötzlich ganz schnell. Ein Transporter touchierte uns und quetschte uns gegen die Leitplanke. Die Hinterachse unseres Fahrzeuges war gebrochen, ich konnte nicht weiterfahren. Einem ersten Impuls folgend stieg ich aus, stand zwischen Wagen und Leitplanke, mein Blick in Fahrtrichtung. Yvonne, meine Frau, sah mich im Rückspiegel. Ein lautes Knirschen irritierte mich, ich sprang vom Auto weg. Ein Fahrzeug konnte nicht mehr bremsen und fuhr mit Wucht in unser Auto. Yvonne konnte mich nicht mehr sehen und dachte, ich wäre zwischen den Fahrzeugen eingeklemmt. Aber ich war in die richtige Richtung gesprungen, weg vom Auto. Und vielleicht dem Tod von der Schippe.

Ist das Schicksal oder Glück?
Diese schreckliche Erfahrung war für mich der Grund, warum ich begann, Menschen zum Thema Glück zu befragen. Was ist es? Wie fühlt es sich an? In sechs Jahren habe ich außergewöhnliche Personen auf der ganzen Welt interviewt und mit meiner Co-Autorin Christina Knauseder-Csipek dieses Buch umgesetzt.

Wenn Sie mich fragen würden, was Glück für mich bedeutet, dann ist es das Gefühl der Unbeschwertheit. Viele kennen es nicht mehr. Sich selbst nicht zu ernst und das Leben insgesamt einfach leichter zu nehmen. Es ist ein schönes Gefühl, manchmal aus der Reihe zu tanzen und nicht daran zu denken, was das Umfeld oder die Gesellschaft davon hält. Ungewöhnliche Ideen zu haben und auch umzusetzen, das gibt mir ein wohliges Glücksgefühl. Den Tag mit einer gesunden Portion Humor zu nehmen.
Bei Regen in die Pfützen zu hüpfen mag für viele kindisch klingen – mich macht es glücklich. Und diese Einstellung bringt mich durch den Tag.

Mehr verrate ich nicht, denn es geht hier nicht um mich. Es geht um die Menschen, die ich in diesen vielen Jahren auf der ganzen Welt kennengelernt habe. Jedes Gespräch, jede Zusammenkunft war ein schöner Moment. Ein Glücksmoment. Mehr in diesem Buch.

Viel Freude damit!
Rainer Candido

Für einen besonderen Menschen
Für Yvonne – ich liebe dich!

»Glück liegt in den kleinen Augenblicken«

Mit ein bisschen mehr Freundlichkeit und Höflichkeit würde sich unsere Gesellschaft viel leichter tun, meint Franz Beckenbauer. Freude machen dem Ehrenpräsidenten des FC Bayern München vor allem die kleinen Dinge. Mit seinen Kindern zu frühstücken, zum Beispiel.

Welche Bedeutung hat Glück für Sie?

Ich glaube, dazu muss man sich erst fragen: Was ist Glück? Wie definiert man Glück? Die Kleinigkeiten, die glücklichen Augenblicke, die sind's für mich dann. Egal ob man einen Pokal in den Händen hält oder die Tatsache, dass man gerade nicht vom Zug erfasst wurde. Oder vom Auto. Aber was ist überhaupt die Definition von Glück? Jeder definiert Glück auf eine andere Art und Weise.

Haben Sie einen Lieblings- oder Wohlfühlplatz?

Ich habe keinen richtigen Wohlfühlplatz, wobei ich sehr gerne meinen Sohn in die Schule fahre und dann rund um die Kirche in St. Gilgen spaziere. Da gehe ich dann hinein in die Kirche, genieße die Ruhe, das Alleinsein. Ich bin gerne alleine in der Kirche. Früher habe ich mich immer links hingesetzt. Jahrelang. Und einmal habe ich mich dann in die rechte Bank gesetzt und hatte plötzlich einen ganz anderen Blickwinkel. Seither wechsle ich hin und her, setze mich immer woanders hin. Und sehe immer etwas anderes. Das ist für mich ein Wohlfühlplatz. Und natürlich ist mein Lieblingsplatz zuhause bei meiner Familie.

Franz Beckenbauer

Welche Werte sind Ihnen persönlich am wichtigsten?

Das ist für mich vor allem der Respekt. Respekt und Nächstenliebe sind sehr wichtig. Die Liebe sowieso, das ist der Ursprung unseres Daseins. Auch die Solidarität, sich untereinander zu helfen und zu unterstützen, wenn man die Möglichkeit hat. Den Schwächeren zu helfen. Deshalb habe ich seit über 30 Jahren die Stiftung – weil ich anderen, schwächeren Mitmenschen helfen möchte. Zusammengefasst glaube ich, der Respekt gegenüber den Mitmenschen, unserem Dasein, unserer Natur gegenüber ist sehr wichtig.

Wenn Sie an die Zukunft der Menschen und der Gesellschaft denken, welche Sorgen haben Sie?

Die Ausbeutung der Erde macht mir Sorgen, wobei ich schon glaube, dass die Erde sich das nicht alles gefallen lassen wird – hin und wieder wehrt sie sich ja auch. Und die Unruhe unter den Menschen, der Terrorismus, der sich immer weiter ausbreitet. Das macht mir schon Sorgen. Ich denke, man sollte sich öfter daran erinnern, dass man auf einer Erde geboren wurde, die einmalig ist. Und dass es da draußen Milliarden anderer Sonnensysteme gibt. Damit relativiert sich so einiges.

Wenn Sie an die Menschen und die Gesellschaft in der Zukunft denken, worauf freuen Sie sich?

Ich bin nach dem Krieg auf die Welt gekommen, bin 1945 geboren. Seither hat es keine größeren Kriege – im Sinne eines Weltkrieges – mehr gegeben. Das ist schon ein Fortschritt, dass der Frieden mehr ins Bewusstsein der Menschen gerückt ist. Hoffentlich dauert das an. Das steht natürlich auch im Gegensatz zur neuen Form des Krieges, dem Terrorismus. Aber man darf auch nicht vergessen, dass wir im Verhältnis zum Universum noch am Anfang unserer Evolution stehen.

Wie lautet Ihr Lebensmotto?

Da gibt es viele. Früher habe ich gesagt „Leben und leben lassen". Das ist mir heute zu banal. Man muss verstehen, dass wir alle aus dem gleichen göttlichen Staub sind, dass wir alle gleich sind; dass wir alle Brüder und Schwestern sind. So sollten wir uns eigentlich verhalten.

Was bedeutet Freude für Sie?

Das beginnt in der Früh beim Frühstücken mit meinen Kindern. Das müsste ich ja nicht machen, ich könnte ja auch ausschlafen. Aber ich stehe gerne früh auf, um mit ihnen zu frühstücken und sie dann in die Schule zu bringen. Dann unterhalte ich mich gerne noch in der Schule, etwa mit der Sekretärin. Danach mache ich bei einer Tankstelle auf dem Weg halt und trinke einen Kaffee, ratsche mit den Leuten. Das sind die kleinen Dinge, die mich glücklich machen. Aber auch die Freundlichkeit, die Höflichkeit gegenüber anderen macht mir Freude. Wenn ich in einen Raum komme und merke, da gibt es eine gewisse Spannung, und durch Freundlichkeit und Zuvorkommenheit gegenüber den Anwesenden kann ich diese Spannung durchbrechen und sie löst sich auf – das ist etwas Besonderes, und es freut mich, wenn mir das gelingt. Ich glaube, wenn wir die Tugenden Freundlichkeit und Höflichkeit öfter berücksichtigen, anderen auch einmal die Tür aufhalten, miteinander lachen, dann würden wir uns alle in unserem Leben viel leichter tun.

BIOGRAFIE

Franz Anton Beckenbauer, geboren am 11. September 1945 in München, ist ein ehemaliger deutscher Fußballspieler, -trainer und -funktionär. Seit 2009 ist er Ehrenpräsident des FC Bayern München.

»Viele verwechseln Erfolg mit Glück«

Glück zu haben oder glücklich zu sein sind für ihn zwei verschiedene Paar Schuhe, sagt Felix Bergleiter a.k.a. The Bionic Kid. Der DJ und Produzent sieht Glück als direkte Folge von Selbstbestimmtheit, Offenheit und Empathie.

Was fällt Ihnen spontan ein, wenn Sie an Glück denken?

Mein Name bedeutet ja „der Glückliche", und ich muss zugeben, dass ich in meinem Leben schon viel Glück hatte. Man sollte sein Glück allerdings nicht zu sehr herausfordern, denn es kann einen auch schnell wieder verlassen. Glück ist Treibstoff für die Seele. Wenn man glücklich ist, ist man eins mit sich. Man ist mit sich und seiner Umwelt im Einklang. Das Equilibrium stimmt. Und genau das sollte doch eigentlich der Normalzustand sein – ist es aber heutzutage in unserer Gesellschaft oft nicht. Glück haben oder glücklich sein beziehungsweise Glück zu empfinden, das sind für mich auch zwei verschiedene Paar Schuhe. Eigentlich ist es ja eine natürliche und einfache Sache, aber schlussendlich dann doch oft sehr komplex.

Welche Bedeutung hat Glück für Sie?

Meiner Meinung nach ist Glück eine direkte Folge von Selbstbestimmtheit, Offenheit und Empathie. Irgendein schlauer Kopf sagte einmal: „Glück wächst aus dem Ende der Begierde." Dem pflichte ich absolut bei. Wenn ich mir mein privates Umfeld näher betrachte – mich inbegriffen – und dann noch einen Blick auf das werfe, was außerhalb meines Spektrums so passiert, dann ist sonnenklar, dass die, die oft weniger Glück erfahren, ihre Zeit ausschließlich suchend, hoffend, erwartend oder sogar

Waxolutionists (v. l.): DJ Zuzee, DJ Buzz, The Bionic Kid

zweifelnd verbringen. Viele verwechseln Erfolg mit Glück. Zugegeben, Erfolg ist ein sehr schöner Nebeneffekt und Geld hat mit Sicherheit auch einige Vorteile, aber es geht auch ohne, man kann sich Zufriedenheit und Glück nicht kaufen. Ein weiterer Faktor ist die Zeit. Die Gegenwart ist das Wichtigste, nicht die Vergangenheit und auch nicht die Zukunft. Letztere kann man sowieso nicht planen. Man kann sich höchstens auf gewisse Dinge vorbereiten, aber das war's dann auch schon. Und etwas Nostalgie mag ja ganz nett sein, aber gerade in unseren Breiten leben und erleben viele Menschen die Gegenwart, das Jetzt, gar nicht. Sie werden entweder von falschen

Idealen geleitet oder erliegen überhaupt gänzlich dem oben angeführten Trugschluss von Glück und Geld. Dadurch treffen sie falsche Entscheidungen, weil sie eben andauernd nach hinten und nach vorne schauen, aber nicht auf sich selbst hören und nicht wahrnehmen, was jetzt gerade passiert. Je mehr man mit sich selbst und seiner Umwelt im Einklang ist, desto lebendiger und glücklicher fühlt man sich. Sich selbst zu spüren, auf sein Inneres zu hören und Empathie zu zeigen – das ist das Geheimnis.

Gibt es einen Glücks- oder Wohlfühlplatz?

Am Meer oder an Gewässern fühle ich mich generell bedeutend wohler als in Städten. Wenn ich solches Glück mit jemandem teilen kann – im Bestfall mit jemandem, den ich mag oder liebe –, dann ist es natürlich umso wohliger. Ein Multiplikator, sozusagen. Es heißt ja auch nicht umsonst: Glück ist am schönsten, wenn man es teilen kann. Zwei meiner liebsten Orte sind Portugal und Mauritius.

Warum haben Sie sich für diesen Wohlfühlplatz entschieden?

Einfach deshalb, weil sich mein Leben immer dann zum Positiven gewendet hat, wenn ich in diesen Ländern Zeit verbracht habe. Ich fühle mich dort gänzlich anders, denke und handle auf andere Weise. Irgendwie scheine ich meinem eigenen und wirklichen Ich an diesen Orten immer etwas näher zu sein.

Was sind Ihre wichtigsten Werte?

Loyalität und Vertrauen, die so oft erwähnte Empathie und positives, rationales Denken. Eine gesunde Portion Humor darf auch nicht fehlen.

Was macht Ihnen die größten Sorgen, wenn Sie an die Menschen, die Gesellschaft und an die Zukunft denken?

Die immer größer werdende Kluft zwischen Arm und Reich, fehlende oder schlechte Bildung und diese eklatante Unfähigkeit zur Empathie. Die daraus resultierenden Probleme sind offensichtlich und Grund für so viel Absurdität in unserer politischen und sozialen Landschaft. Die Anhänger respektive Wähler von Trump, Erdogan, der FPÖ und anderer politischer Scharlatane fühlen sich als Gewinner, sind in Wirklichkeit und auf lange Sicht aber die Verlierer. Denn ein Grund, warum heutzutage so viele

Menschen hasserfüllt und faktenresistent zu sein scheinen und Entscheidungen treffen, die jedweder Logik entbehren, ist fehlendes Mitgefühl; Unvermögen zur kritischen Selbstreflexion; schlechte oder einseitige Bildung. Menschen, die nicht eins mit sich sind und meiner Theorie nach gar nicht originär glücklich sein können, sind ein gefundenes Fressen für Manipulation – egal ob religiöser oder politischer Natur. Es ist höchste Zeit, etwas dagegen zu unternehmen. Am besten fängt man bei sich selbst an.

Was bereitet Ihnen die größte Freude, wenn Sie an die Menschen, die Gesellschaft und an die Zukunft denken?

Dass es der Natur und diesem Planeten innewohnt, sich zu regenerieren – egal ob mit oder ohne Menschen, wir sind ja nur ein kleines Rädchen. Die oben genannten Probleme müssen, wie schon gesagt, von den Leuten selbst in die Hand genommen werden; und ich habe Vertrauen darin, dass einige Wenige unser aller Leben wieder lebenswerter machen werden. Bis das passiert, wird allerdings viel Zeit vergehen.

Was wäre Ihr größter Traum?

In einem Wisch alle Naturschauplätze dieser Welt, zum Beispiel die Galapagos-Inseln, zu bereisen, dort zu tauchen, zu arbeiten, zu musizieren und auch etwas Gutes für andere und somit auch für mich zu tun. Dazu fällt mir ein: Konjunktive weglassen, ich würde nicht – ich werde!

Wovor haben Sie Angst?

Ich kenne einige alte Menschen, die vor ihrem Tod oder am Sterbebett sagten oder behaupten konnten, sie hatten ein glückliches und erfülltes Leben. Sie haben Dinge gewagt und ausprobiert, sie haben Empathie gezeigt und miteinander – nicht gegeneinander und gegen sich selbst – gelebt. All das natürlich mit seinen Höhen und Tiefen. Ich kenne auch das komplette Gegenteil. Und davor hätte ich wohl oder übel am meisten Angst.

Was bedeutet für Sie Freude?

Der Moment und Genuss sind in meinem Leben zwei wichtige Begriffe. Nur im Augenblick verloren kann ich in Tätigkeiten komplett aufgehen, Musik machen, kreativ sein, live spielen, lebendig sein. Das sind mit Sicherheit die Momente, in denen ich am glücklichsten bin und am meisten Freude habe, das ist purer Genuss. Ich hab Gottseidank in jungen Jahren meinen eigenen Weg beschritten und damit sehr viel Glück gehabt. Ich bin oder war aber nicht weniger glücklich, als es vielleicht einmal nicht so klappen wollte, wie ich gerade glaubte, oder wenn etwas überhaupt nicht funktionierte. So festgefahren sollte man nicht sein, es hindert einen nur am Leben und letztendlich am Glück.

Wenn Sie jetzt an etwas Schönes denken, was wäre das?

Mit meiner Freundin an einem einsamen Strand einen mit frischen Kräutern und Chilis übersäten Meeresfrüchtesalat verspeisen. Dazu ein eiskaltes mauritisches Phoenix-Bier genießen. Oder mein portugiesisches Lieblingsfrühstück: ein Galão mit einem Pão de Deus. Ich glaube, ich sollte das Interview abschließen und endlich was essen.

BIOGRAFIE

Felix Bergleiter, geboren 1977 in Bludenz, ist Musikproduzent und unter anderem als The Bionic Kid mit der österreichischen Band Waxolutionists erfolgreich.

»Ich bin dankbar, wenn mich das Vogerl streift«

Das Glück ist ein Vogerl, sagt Gregor Bloéb. Der Schauspieler schenkt nur Dingen Beachtung, die er auch beeinflussen kann, und verrät, was seine Auffassung von Glück mit Maria Theresia zu tun hat.

Was fällt Ihnen spontan ein, wenn Sie an Glück denken?

Dass es a Vogerl is. Dass ich keinen „Anspruch" darauf habe – ich aber große Dankbarkeit empfinde, wenn mich das Vogerl streift.

Welche Bedeutung hat Glück für Sie?

Allem und alles, was ich nicht beeinflussen kann, schenke ich keinerlei Bedeutung – gleich dem Wetter.

Haben Sie einen Glücks- oder Wohlfühlplatz?

Ich versuche immer den Platz, an dem ich mich gerade befinde, als Wohlfühlplatz zu gestalten.

Was sind Ihre wichtigsten Werte?

Zu lieben.

Wenn Sie an die Menschen und die Gesellschaft in der Zukunft denken, worauf freuen Sie sich?

Dass der Mensch gut ist – nur die Leut san Gfrasta, Zitat Nestroy.

Gregor Bloéb

Und welche Sorgen haben Sie, wenn Sie an die Gesellschaft der Zukunft denken?

Dass sich die Puritaner durchsetzen.

Was wäre Ihr größter Traum?

Ich hab nur viele, viele kleine. Und die füll ich mit Leben.

Wenn Sie jetzt an etwas Schönes denken, was wäre das?

Das gestrige Gewitter, meine Kinder, unser Hirsch, der Tisch in Pitigliano, die neue KTM, die alte Honda. Unsere Küche in Tirol. Meine Frau und wie sie sich bewegt. Die Glasfenster der Kapelle. Mein Steyrtraktor. Der alte Kastanienbaum bei der Seewirtin. Der Olivenbaum vor unserer Haustür, die Mauer dahinter. Der Salamander, der sich gerade versteckt. Die Katze, die den Salamander entdeckt hat …

Was bedeutet für Sie Freude?

Schönheit.

Wie lautet Ihr Lebensmotto?

Ich habe keins. Das ändert sich stündlich. Der einzige Sinn des Lebens ist das Leben selbst.

Was möchten Sie zum Thema Glück noch mitteilen?

Maria Theresia hat gesagt, es gibt nur ein einziges Glück auf Erden, das ist eine glückliche Ehe. Und langsam stimme ich ihr zu …

BIOGRAFIE

Gregor Bloéb, geboren am 3. Jänner 1968 in Innsbruck, ist ein österreichischer Theater-, Film- und Fernsehschauspieler.

»Durch Liebe erfährt man am meisten Glück«

Viele Menschen würden falschen Vorstellungen von Glück nachjagen, sagt Christoph Böck alias DJ Buzz. Der Wiener Musiker liebt die Herausforderungen des Lebens und hätte am meisten Freude damit, wenn es das Hoverboard aus *Zurück in die Zukunft* gäbe.

Was fällt Ihnen spontan ein, wenn Sie an Glück denken?

Familie, Liebe, Lachen, Freunde, Musik, gutes Essen, Sonne, Urlaub.

Welche Bedeutung hat Glück für Sie?

Den Satz von Marc Aurel, „Das Glück deines Lebens wird bestimmt von der Beschaffenheit deiner Gedanken", finde ich sehr treffend. Ich denke, dass wir Menschen oft dazu tendieren, das Glück der Anderen stärker wahrzunehmen als das eigene, oder durch gesellschaftliche „Ideale" oft den falschen Vorstellungen von Glück hinterherjagen und uns im Konsumwahn das vermeintliche Glück zu kaufen versuchen. Aber wenn man kurz überlegt, wann man das letzte Mal glücklich war, denken die meisten wahrscheinlich an einen schönen Moment im Freundes- oder Familienkreis und nicht daran, als das letzte Mal die Kreditkarte geglüht hat. Ich denke, wenn man sich solcher Dinge immer wieder bewusst wird und eine gewisse Achtsamkeit gegenüber den kleinen feinen Seiten des Lebens entwickelt, ist das der Weg zu Zufriedenheit und Glück.

Haben Sie einen Glücks- oder Wohlfühlplatz?

Da gibt es sogar mehrere: Ein wichtiger Wohlfühlplatz ist definitiv mein Studio, dicht

Waxolutionists (v. l.): DJ Zuzee, DJ Buzz, The Bionic Kid

gefolgt von meinem Lieblings-Italiener, der „Casa Mia“ in Liesing. Dort gibt es die besten Calamari-Spaghetti in Wien. Generell fühle ich mich aber in der Natur sehr wohl und kann mich dort immer gut erden und Energie tanken. Das gelingt mir zum Beispiel sehr gut im Salzkammergut: Wenn ich nach einer anstrengenden Wanderung das Panorama genießen kann, begleitet von einem kühlen Bierchen, dann bin ich mir meines Glückes immer sehr bewusst. Mein Glücksort in der Ferne ist definitiv Bali – als ich das erste Mal dort aus dem Flieger gestiegen bin, hab ich mich gleich wie zu Hause gefühlt. Generell geben mir das Land, die Leute und deren Mentalität, das Essen und das Meer sofort eine gewisse Glückseligkeit, auch wenn ich nur daran denke.

Warum haben Sie sich für diesen Glücks- oder Wohlfühlplatz entschieden?

Ich weiß es nicht genau. Ich glaube, das ist einfach eine Gefühlssache. Ich hab es damals, als ich das erste Mal in Bali ankam, einfach so gefühlt. Nach mehrmaligen Urlauben hat sich das immer wieder bestätigt und sogar verstärkt. Ich liebe die Art der Menschen, das Wetter, die Strände und das Meer. Vor allem das Essen – Liebe geht ja bekanntlich durch den Magen, und ich glaube durch Liebe erfährt man am meisten Glück.

Was sind Ihre wichtigsten Werte?

Humor, Aufrichtigkeit, Zielstrebigkeit und eine entspannte und lebensfrohe Grundeinstellung. Es hört sich zwar sehr banal an, aber grundsätzlich ist Gesundheit ein sehr wichtiger Wert für mich. Dessen wird man sich leider oft wirklich erst bewusst, wenn sie gerade nicht oder nicht mehr vorhanden ist. Zu dieser Erkenntnis komme ich bei jedem Bandscheibenvorfall aufs Neue.

Was macht Ihnen die größten Sorgen, wenn Sie an die Menschen, die Gesellschaft und an die Zukunft denken?

Große Sorgen bereiten mir die voranschreitende Ausbeutung unseres Planeten und seiner Lebewesen, bestimmte weltpolitische Entwicklungen sowie bestimmte gesellschaftliche Strömungen; Neid, Missgunst, Hass und Gier scheinen allgegenwärtig. Vor allem, dass daraus auch noch Profit geschlagen wird – sei es in der Politik, der Wirtschaft oder im Finanzmarkt – finde ich zutiefst verwerflich.

Was bereitet Ihnen die größte Freude, wenn Sie an die Menschen, die Gesellschaft und an die Zukunft denken?

Die größte Freude würde mir das Hoverboard aus *Zurück in die Zukunft* bereiten. Ich bin tendenziell sehr an der Zukunft und den Neuerungen, die sie mit sich bringt, interessiert, aber eben auch mit einer gewissen Portion Bauchweh. Bauchweh, ob wir Menschen es noch schaffen, das Ruder herumzureißen und im Einklang mit dieser Welt zu leben.

Was wäre Ihr größter Traum?

Mit meinen Lieblingsleuten im Gepäck die ganze Welt zu bereisen – ohne Zeitdruck, ohne Sorgen, einfach nur treiben lassen.

Was bedeutet für Sie Freude?

Es gibt viele Dinge, dir mir große Freude bereiten: ein gelungener Beat im Studio, die Energie des Publikums bei einem Konzert, kurz gesagt, mein Leben als Musiker bereitet mir große Freude. Aber auch nicht zu vergessen: ein kaltes Bierchen mit Freunden.

Wovor haben Sie Angst?

Vor der SVA, hahaha! Spaß beiseite, ich bin generell kein ängstlicher Typ. Ich liebe ein gewisses Risiko und besonders Herausforderungen. Das macht das Leben aufregender und bringt mich in den meisten Fällen persönlich auch immer weiter. Ich denke, am meisten Angst habe ich davor, manche Chancen nicht genutzt zu haben.

Wenn Sie jetzt an etwas Schönes denken, was wäre es?

Da fällt mir viel Schönes ein: mit meiner Freundin in Bali zu cruisen und unsere Lieblingsspots abzuklappern, gefolgt von einem eisgekühlten Bintang, das wir beim Sonnenuntergang in Uluwatu genießen.

Womit sind Sie zufrieden?

Ich bin nicht leicht zufriedenzustellen, aber ich bin oft zufrieden. Was auch immer das heißen mag.

Wie lautet Ihr Lebensmotto?

Ich habe eigentlich kein bestimmtes Lebensmotto, aber sehr treffend und auch motivierend finde ich den Spruch: „Wenn dir jemand sagt, das geht nicht, dann denke daran: Es sind seine Grenzen, nicht deine."

BIOGRAFIE

Christoph Böck alias DJ Buzz, geboren am 27. August 1976 in Wien, ist ein österreichischer Musiker und Mitglied des österreichischen Hip-Hop-Kollektivs Waxolutionists.

»Wieder und wieder hatte ich Glück«

Glück ist, gesund zu sein, sagt Leo Ceska. Der ehemalige Wehrmachtssoldat empfindet Glück, wenn er in seiner Werkstatt schnitzen kann. Und er hatte Glück, als er während des Russlandfeldzuges die Ruhr und einen Bombenangriff überlebte.

Was bedeutet Glück für Sie?

Glück ist, wenn man gesund ist, wenn man gesund bleibt und wenn man arbeiten kann. Glück ist für mich auch, wenn ich jeden Tag in die Werkstatt zum Schnitzen gehen kann. Und in der Familie Frieden haben, das ist auch Glück für mich.

Woran erinnern Sie sich, wenn Sie an die Zeit vor dem Krieg denken?

In der Zeit, als Hitler gekommen ist, hatten viele keine Arbeit. Wir hatten zum Fußballspielen nur einen Fetzen, und als der Hitler gekommen ist, hatten wir in der Hitler-Jugend auf einmal einen Sack voller Fußbälle. Hitler hat uns praktisch die Idee eingeimpft. Als Hitler in Österreich einmarschiert ist, haben wir am 10. März in der Schule noch beten müssen. Am Sonntag war dann der Umsturz. Am Montag war ein Vertreter der SA in der Schule und hat uns das Beten verboten – wir mussten mit „Heil Hitler!" den Tag beginnen. Am Abend mussten wir am Salinenplatz zur HJ gehen, das war die militärische Vorerziehung. Im Nachhinein gesehen, war das alles schon die Vorbereitung für den Krieg.

Wie haben Sie die Zeit während des Krieges erlebt?

Mein Glück war, dass ich in meiner Ausbildung zu den Granatwerfern gekommen bin. Das ist eine indirekte Waffe, und die ist immer ein bisschen zurückversetzt.

Leo Ceska

Das war für mich schon ein Glück, weil ich nicht vorne bei den MGs stehen musste. Die Ausbildung wurde frühzeitig abgebrochen. Wir sollten im Jänner nach Stalingrad. Ende Jänner ist Stalingrad bereits gefallen. Wir mussten nicht hin, das war ein großes Glück. Wir mussten dann nach St. Pölten/Sprazern. Da kamen wir zu den Panzer 33, 9. Panzerdivision/Panzeraufklärung. Wir sind in Güterwaggons verladen worden, mit 36 Mann und einem Feldwebel pro Waggon. Der ganze Zug hatte nur eine MG als Schutz. Wir haben acht Tage gebraucht, bis wir ins russische Brjansk kamen. Wir sind in der Nacht angekommen und aus dem LKW gestiegen.

Auf einmal kam es zu einem Angriff, und der LKW, in dem wir gerade noch waren, stand in Flammen. Wieder hatte ich Glück.

Sie hatten also oft Glück während des Krieges?

Ja. Bei der Operation Zitadelle wurde ich in Orel und Kursk als Granatwerfer eingesetzt. Nach einigen Tagen des Kampfes überrannten uns die Russen. Wir hörten nur: „Rette sich wer kann!" Wir sprengten unseren Granatwerfer und legten uns ins hohe Kornfeld. Wieder kamen wir davon. Bei einem russischen Flugangriff wurden Soldaten in unmittelbarer Nähe getroffen. Aber Sepp und ich kamen wieder davon. Schließlich bekam ich die Ruhr und wurde ins Lazarett verlegt. Während der Fahrt wurden wir wieder von russischen Bombern angegriffen, alle Pfleger gingen in Deckung. Bis auf einige kleine Splitter überlebte ich den Angriff und die Ruhr. Ein Glück.

BIOGRAFIE

Leo Ceska, geboren am 1. April 1924 in Ebensee, war Wehrmachtssoldat, Infanterist beim Russland-Feldzug, beim Frankreich-Feldzug dabei und ein Jahr in amerikanischer Gefangenschaft. Der ÖBB-Pensionist erzählt von der Entstehung des alten Gipfelkreuzes auf dem großen Sonnstein in Ebensee in seinem Buch *Das Heimkehrerkreuz am Sonnstein* (Eigenverlag).

»Zur richtigen Zeit am richtigen Ort«

Louis de Chambs sah sich selbst als glücklichen Menschen. Der Modedesigner und ehemalige Soldat der US Army erlebte den D-Day von 1944 und fand sein Glück schließlich im Design und in der Mode.

Was fällt Ihnen spontan ein, wenn Sie an Glück denken?

Glück ist, zur richtigen Zeit am richtigen Ort zu sein. Ich sehe mich als glücklichen Menschen, ich bin mit Glück gesegnet. Schon als ich jung war, fielen mir die Dinge sehr leicht. Ich hatte damals das Gefühl, dass mir alles gelingen konnte – egal, was ich anfing. Zur United States Army meldete ich mich dann freiwillig. Ich war lange Zeit im Kommunikationscenter, das war für mich auch Glück. Schon während meines Dienstes bei der Army designte ich Kostüme für die Army-Show „Hellcat Holiday". Diesen Beinamen bekamen wir während eines Einsatzes in Deutschland. Wir bewegten uns sehr schnell von A nach B, deshalb wurden wird „Hellcats" genannt.

Als ich einmal eine zweimonatige Beurlaubung von der Army hatte, ging ich zurück nach Minneapolis. Ein Freund aus der Zeit bei der Armee, der in New York wohnte, besuchte mich und wir gingen gemeinsam zu einer Party in Manhattan. Wir waren zu früh dran, deshalb legten wir noch einen Stopp in der Astor Bar am Broadway ein, um uns einen Drink zu genehmigen. In dieser Bar traf ich Richmond Gale, der vom Air Corps beurlaubt war und demnächst seine Entlassung von der Army erwartete. Er war Konzertpianist. Wir vereinbarten uns wieder zu treffen, wenn wir beide offiziell von der Army befreit wären. Das änderte mein Leben. Ich wurde kurz vor Kriegsende nach Asien geschickt. Doch bevor wir dort landen konnten, wurde die Atombombe

Louis de Chambs

abgeworfen und der Krieg war vorbei. Das könnte man Glück nennen, wenn man möchte. Jedenfalls traf ich Ende des Jahres 1945 Richmond Gale wie vereinbart in New York, und wir lebten die nächsten 15 Jahre zusammen. Ich bewarb mich unter Bezugnahme auf die G.I. Bill of Rights, einem Wiedereingliederungsgesetz für Weltkriegsveteranen, für ein Stipendium an der Parsons The New School for Design. Dort studierte ich von 1946 bis 1949 Design und Mode. 1949 diplomierte ich und eröffnete zusammen mit meiner Studienkollegin Nancy Fleishman ein Atelier für Ball-, Abend- und Konzertroben. So begann meine Karriere als Modedesigner.

Haben Sie einen Glücks- oder Wohlfühlplatz?

Ja, in einem Landhaus in Phoenicia, einem kleinen Ort in der Nähe von New York. Dort habe ich einen Raum, wo ich mich besonders gerne aufhalte.

Warum haben Sie sich für diesen Wohlfühlplatz entschieden?

Der Raum befindet sich direkt unter dem Dach und hat ein Fenster. Um in das Zimmer zu gelangen, muss man eine Stufe hinaufgehen – man muss einen richtig großen Schritt machen. Ich dachte mir, dieses Zimmer wäre perfekt für Florence, einen Freund von uns. Also hab ich es für Florence dekoriert und gestaltet.

Was sind Ihre wichtigsten persönlichen Werte?

Vertrauen. Ehrlichkeit. Ehrlichkeit ist sehr wichtig. Und auch, lachen zu können. Ich denke ich habe eine Tendenz, Spaß zu machen, wenn etwas Schlimmes passiert. Wenn etwas passiert ist, dann ist es eben so. Dann kann man nur das Beste daraus machen. Manchmal fürchte ich, Menschen könnten diesen Wesenszug falsch verstehen. Aber wenn etwas Schlimmes passiert, wenn jemand stirbt, zum Beispiel, dann kann man sich aufregen, schreien und weinen. Aber es wird nichts ändern. Jeder geht anders mit Trauer um, aber in jedem Fall muss man sich ihr stellen.

Was sind Ihre größten Sorgen, wenn Sie an die Menschen, die Zukunft und die Gesellschaft denken?

Die Religion. Wenn du nicht in ihrem Sinne denkst, denkst du falsch. Ich denke, unser Land, also die Vereinigten Staaten, befindet sich diesbezüglich in einer Revolution im negativen Sinne. Es ist doch wichtig, jedem seine Meinung zu lassen – das Recht auf eigene Meinung ist wichtig. Es sollte nicht so sein, dass jemand sagt: Wenn du nicht so denkst wie ich, denkst du falsch. Das ist eine sehr bedenkliche Entwicklung.

Was bereitet Ihnen am meisten Freude, wenn Sie an die Menschen, die Zukunft und die Gesellschaft denken?

Ich habe nicht die allerbeste Meinung von unserer Gesellschaft. Aber grundsätzlich ist das Beste an unserer Gesellschaft vielleicht, dass die Menschen innovativ sind. Neue Ideen generieren. Die Ideen anderer verstehen und weiterentwickeln.

Was ist Ihr größter Traum?

Jetzt im Augenblick: mich aus den ökonomischen Zwängen zu befreien und frei leben zu können.

Was möchten Sie mir noch zum Thema Glück sagen?

Ich denke, man sät. Und diese Saat ist eine Idee, ein Wunsch. Wenn man hart genug und konsequent genug daran arbeitet, kann man diesen Wunsch auch wahr werden lassen.

BIOGRAFIE

Louis de Chambs, geboren am 11. März 1922 in Minneapolis, Minnesota, war Modedesigner und erlebte als Soldat der US Army den D-Day mit. Er starb im August 2014 auf Hawaii.

»Das Gefühl zu haben, dass die Welt in Ordnung ist«

Unmittelbares Feedback von seinem Publikum zu bekommen ist für ihn eine Form von Glück, sagt David Dimitri. Seinen Glücksplatz findet der Schweizer Hochseiltänzer regelmäßig mehrere Meter über dem Boden, in luftiger Höhe.

Was kommt Ihnen spontan in den Sinn, wenn Sie an Glück denken?

Glück ist für mich ein Gefühl von Sicherheit und Geborgenheit. Ein Ort mit Menschen, der mit einer positiven Energie versehen ist. Das Gefühl loszulassen. Das Gefühl zu haben, dass die Welt in Ordnung ist.

Welche Bedeutung hat Glück für Sie?

Glück bedeutet mir sehr viel. Ein Beispiel: Wenn ich kein unmittelbares Feedback vom Publikum bekomme, fühle ich mich unsicher. Ich bin sehr glücklich, dass ich dieses Feedback in meinen Shows sofort bekomme. Es beeinflusst mich. Es ist sehr wichtig, wie man Menschen begegnet, sei es im Busterminal, im Restaurant oder in der U-Bahn. Wenn man freundlich zu seinem Gegenüber ist, bekommt man das auch wieder zurück. Und wenn es nur ein Lächeln ist.

Haben Sie einen persönlichen Glücks- oder Wohlfühlplatz?

Es gibt einen wunderbaren Ort für mich – das Hochseil! Das ist eine komplexe Situation: Wenn ich auf dem Hochseil bin, halte ich automatisch die Balance. Das beruhigt mich sehr und ich laufe von alleine. Das Unterbewusstsein

schwingt mit. Es gibt eine Energie, die mich vorantreibt, die mich trägt. Es ist eine Mischung zwischen Konzentration und meinen Gedankengängen. Ich nehme alles wahr. Hier gehen mir viele Gedanken durch den Kopf, zum Beispiel: Ich muss ja heute noch einkaufen. Das Hochseil ist für mich ein Ort, wo ich mich sehr wohl fühle. Hier denke ich an vieles. Es ist ein Ort der Ruhe, ein Moment des Gleichgewichts, sehr meditativ. Ein anderer Wohlfühlplatz ist vorm Kamin – ich schaue sehr gerne ins Feuer. Feuer wärmt und produziert in mir eine gewisse Ruhe.

Was sind Ihre persönlichen Werte?

Ehrlichkeit, Loyalität. Toleranz. Toleranz ist extrem wichtig. Da denke ich an eine Beziehung, aber auch an Toleranz in der Welt und in der Gesellschaft. Toleranz ist ein Schlüsselthema. Auch Ethik in dem, was man tut, ist sehr wichtig. Nichts Unüberlegtes zu tun und sich immer Gedanken über Sinn und Zweck zu machen. Und nicht zuletzt Liebe und Hochachtung gegenüber anderen Menschen.

Welche Sorgen haben Sie, wenn Sie an die Menschen, die Gesellschaft und die Zukunft denken?

Meine Bedenken sind, dass die Menschen kaum Verständnis mehr haben. Viele verstehen sich nicht, viele Konflikte entstehen durch das Nichtverstehen, durch Missverständnisse, durch mangelndes Zuhören. Viele Menschen haben auch keinen Respekt mehr, sie wollen nicht auf Probleme eingehen und haben Angst, zu kurz zu kommen. Meiner Meinung nach hat viel Ungemach mit einem Fehlen der Kommunikation zu tun. Das gegenseitige Zuhören, miteinander Reden und Diskutieren findet viel zu wenig statt. Die Menschen möchten meistens einen Vorteil gegenüber dem anderen gewinnen. Ein Beispiel ist Palästina und Israel: Jeder will sein Revier verteidigen. Das geht aber immer zu Lasten des Einzelnen. Ich bin der Meinung, wenn man zivilisiert miteinander umgeht, gibt es auch immer Lösungen.

Worauf freuen Sie sich, wenn Sie an die Menschen, die Gesellschaft und die Zukunft denken?

Bei der Jugend sehe ich viel Gutes. Besonders wie junge Menschen denken, was sie antreibt, wofür sie im Leben kämpfen, und was sie im Leben erreichen wollen. Das hat ein bisschen mit meinem Beruf zu tun. Ich arbeite viel mit jungen ambitionierten Menschen. Es ist schön zu beobachten, wofür sie leben. Das sind sehr inspirierende Momente. Mit welchem Engagement, mit welcher Ausdauer und Leidenschaft sie Herausforderungen annehmen und bewältigen. Sie haben eine klare Vorstellung. Sie leben nicht ins Blaue hinein. Sie sind sehr kritische, eigenständige Denker. Nicht alle gehen dem Mainstream nach. Es gibt eine Vielfalt. Sie differenzieren sich, auch vom großen Mainstream, von großen Konzernen.

Wovor haben Sie Angst?

Vor allem, bei dem ich mir unsicher bin – auch bei meinem Beruf. Zum Beispiel vor

Wind, Gewitter oder technischen Problemen, wenn ich auf dem Hochseil bin. Davor habe ich Angst. Und ich habe Angst vor unberechenbaren Menschen.

Wie lautet Ihr Lebensmotto?

Mein Lebensmotto ist: Leben bedeutet, permanent im Gleichgewicht zu sein. Ich habe eine positive Einstellung – so wurde ich geboren. Ich möchte diszipliniert sein, weil Disziplin ein sehr wichtiger Faktor im Leben ist, wenn man seine Ziele erreichen möchte.

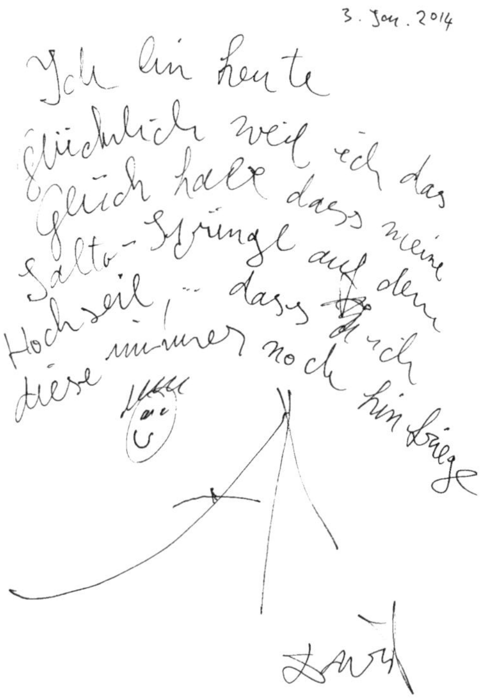

BIOGRAFIE

David Dimitri, geboren am 7. März 1963 in Zürich, ist Seiltänzer, Künstler und Unternehmer. Er ist seit 2016 Präsident der Fondazione Dimitri, der Dach-Organisation des Kulturzentrumes, welches von Clown Dimitri und seiner Frau Gunda Dimitri gegründet wurde.

»Ich bin jetzt sehr zufrieden«

Heute empfindet er Glück und Freude viel intensiver als noch vor wenigen Jahren, sagt Hermann Döllerer. Dafür sind einige richtige Entscheidungen im Leben des Gastronomen und Weinhändlers verantwortlich – und die Verbundenheit mit seiner Familie.

Was fällt Ihnen spontan zum Thema Glück ein?

Glück ist Zufriedenheit. Glück ist, dass man mit seiner Situation zufrieden ist, mit seinem Leben. Dass man gesund ist – das ist ganz wichtig. All das hab ich, Gott sei Dank, wieder. 2007 hatte ich einen schweren Herzinfarkt. Damals hat sich in meinem Kopf viel geändert. Da denkt man bei allem mehr nach, genießt auch alles intensiver. Man hält nichts mehr für selbstverständlich. In dieser Zeit bin ich auch draufgekommen, dass ich mich viel zu wenig darüber gefreut habe, wenn ich Zeit mit meiner Familie verbringen konnte. Es war einfach selbstverständlich. Das schätze ich heute viel mehr, bin dadurch auch zufriedener.

Haben Sie einen Wohlfühlplatz?

Vor meinem Herzinfarkt, da hab ich am meisten genossen, wenn ich im Urlaub die Fenster aufgemacht und die Vögerl zwitschern gehört hab. Vor allem deshalb, weil wir das zuhause nicht gehabt haben. Damals haben wir in einer schönen Wohnung gewohnt, aber die war direkt an der Straße. Seit ich außerhalb des Ortes wohne, angrenzend an Garten, Bach und Wiesen, da werde ich wach und denk mir, ich bin im Urlaub. Unser Zuhause ist für mich ein richtiger Wohlfühlplatz. Früher war ein Wohlfühlplatz auch unser Weinkeller. Da hab ich gerne einfach nur die Flaschen angeschaut, die Etiketten. Dort unten war es ruhig, und ich war allein mit meinen

Hermann Döllerer

Gedanken. Ich hab viel nachgedacht. Der Keller war für mich immer so ein Ruheraum, in den ich mich zurückgezogen habe. Oder auch, wenn ich alleine bergwandern ging. Da geht man oft stundenlang, kann einfach nur die Gedanken schweifen lassen.

Was bereitet Ihnen Sorge, wenn Sie an die Menschen, die Gesellschaft und die Zukunft denken?

Wie sich die Welt momentan entwickelt, da kann man es schon mit der Angst zu tun bekommen. Wenn man bedenkt, welche Menschen heute an den Machthebeln sitzen, das macht mir Angst. Weltpolitisch gesehen ist das schon problematisch, auch in Verbindung mit den Völkerwanderungen, die heute wieder stattfinden. Natürlich hat es das ganz früher auch schon einmal gegeben. Aber heute ist es so, dass wir etwas tun müssen, damit es den Menschen in Afrika besser geht. Ich bin zu hundert Prozent für geordnete Zuwanderung. Man kann sich nicht einfach abwenden. Aber das sind schon riesige Herausforderungen für die nächste Generation. Ich hoffe nur, dass dann die richtigen Menschen an den Hebeln sitzen und die richtigen Entscheidungen treffen. Weil davon, das wissen wir aus unserer Vergangenheit, hängt dann sehr viel ab.

Was sind Ihre wichtigsten Werte?

Beruf, Familie und Gesundheit. Zufriedenheit ist vielleicht der wichtigste Wert für mich. Das habe ich auch immer überprüft. Wenn man zufrieden ist, dann gibt einem das auch ganz viel Kraft. Es gibt ja Leute, die sind nie mit sich zufrieden und verkrampfen sich dadurch. Für mich war es immer sehr wichtig zu wissen: Wann bin ich zufrieden? Was will ich erreichen?

Sind Sie heute zufrieden?

Ich bin jetzt sehr zufrieden. Es ist sehr schön zu sehen, dass der Weg, den wir eingeschlagen haben, richtig war. Und ich hatte sehr viel Glück im Leben, alleine mit meiner Familie: meiner Frau Martha und meinen Kindern Andreas und Julia sowie der Familie von meinem Bruder Raimund, der mir immer den Rücken gestärkt hat. Diese Familien zähle ich ja zusammen, das ist für mich eins. Auch, dass ich die richtigen Entscheidungen getroffen habe, die zu unserem gemeinsamen Erfolg geführt haben – die waren damals nicht einfach und der Ausgang äußerst ungewiss. Aber heute weiß ich's!

Möchten Sie mir noch etwas zum Thema Glück und Freude sagen?

Glück und Freude definiert ja nicht jeder gleich. Ich bin unendlich dankbar, dass ich Glück und Freude empfinden kann. Das können manche Menschen ja gar nicht. Vielleicht ist das bei mir heute noch intensiver als damals, vor meinem Herzinfarkt. Heute geht es tiefer. Dafür bin ich dankbar.

BIOGRAFIE

Hermann Döllerer, geboren am 27. Oktober 1950 in Golling, ist Gastronom und Weinhändler.

»Die Suche nach dem guten Leben«

Glück ist nichts, was man hat, sondern was man ist, sagt Roland Düringer. Und findet, dass man seinem Lebenspartner nicht sagen sollte: Du machst mich so glücklich.

Womit beschäftigen Sie sich im Moment?

Ich habe versucht, elementare Dinge des Lebens wie Bankomatkarte, E-Mail, Supermarkt, Handy, Auto und vieles andere wegzulassen. Diesen Verzicht habe ich selbst ausprobiert und daraus wichtige Ansichten gewonnen: Können wir noch zwischen unseren wirklichen Bedürfnissen und den Bedürfnissen, die gemacht worden sind, unterscheiden? Kennen wir den Unterschied zwischen brauchen und wollen? Haben wir nicht in vielen Bereichen das richtige Maß verloren? Sind technische Hilfsmittel nicht belastend?

Was bedeutet Glück für Sie?

Glück ist für mich in der Regel das, was man ist, nicht was man hat. Die Suche danach ist nicht das Entscheidende. Für mich ist die Suche nach dem guten Leben der wichtigere Weg. Außerdem: Ein gutes Leben ist manchmal glücklich und manchmal weniger glücklich. Wenn mir Unglück widerfährt, kann ich mich wieder auf das Glück freuen.

Haben Sie einen Glücks- oder Wohlfühlplatz?

Mein Glücksplatz bin ich. Dort, wo ich und mein Geist wohnen. Mein Wohlfühlplatz wiederum ist ein Platz, an dem Ruhe herrscht. Mich zieht es dazu in die Natur. Ich habe mir dafür sogar einen eigenen Platz bauen lassen, er heißt „Wohlwagen“. Das

ist ein Holzwagen. Immer wenn ich dort hineingehe, bin ich auf Urlaub. Ich bin unabhängig und autark, und das ist für mich ein großer Wohlfühlfaktor.

Was sind Ihre wichtigsten Werte?

Viele Menschen erwarten sich, dass wir sie glücklich machen. Das ist ein Fehler. Wenn Partner zueinander sagen, du machst mich so glücklich, was passiert dann, wenn dies nicht mehr der Fall ist? Das kann Beziehungen auseinanderbringen. Liebe ist für mich kein Wert. Liebe ist das Gegenteil von Angst. Werte sind zum Beispiel gutes Gartenwerkzeug. Es hat einen Wert, wenn man einen Acker bestellt oder etwas produziert. Motorräder sind mir lieb und wertvoll, sie haben aber keinen Wert, sie haben keinen Nutzen. Moralische Werte – also das, was richtig oder falsch ist – versuche ich tunlichst zu vermeiden. Ich versuche so gut wie möglich alles ideologiefrei zu bewerten. Wenn man eine Ideologie im Kopf hat, dann kann man vieles nicht mehr objektiv sehen.

Wenn Sie einen Blick in die Zukunft wagen – wie geht es Ihnen dabei?

Wenn ich an die Zukunft denke, mache ich mir wenig Sorgen. Ich führe bis jetzt ein wunderbares Leben. Ich habe sehr viel Glück in meinem Leben. Unsere Kinder werden es schwieriger haben. Obwohl ich das Gefühl habe, dass derzeit eine Bewusstseinswandlung stattfindet. Menschen beginnen selbst zu denken. Sie fragen sich, wie könnte es besser werden? Was könnten wir tun, dass wir nicht mehr auf Kosten anderer leben? Wenn allerdings unser Geldsystem einen Knall macht, fürchte ich sozialen Unfrieden. Denn für viele Menschen ist irgendwann das Maß voll. Dann mache ich mir Sorgen, dass jeder anfängt seine eigenen Werte – auch gewalttätig – zu verteidigen.

Das Glück ist ein Vogerl, ...
manchmal aber auch ein Fisch.
Im seltensten Falle ist es ein
Hund... strümmerl.

R. Düringer
19.11.13

BIOGRAFIE

Roland Düringer, geboren am 31. Oktober 1963 in Wien, ist ein österreichischer Kabarettist, Schauspieler und Autor des Buches *Leb wohl Schlaraffenland – die Kunst des Weglassens* (Edition a, 2013).

»Erlebnisse statt Konsumgütern«

Ein gemeinsames Erlebnis, Kochen für die Kinder – Glück ist für ihn oft das gemeinsame Erleben, sagt Herbert Dutzler. Der Lehrer und Autor blickt optimistisch in die Zukunft, denn vielleicht, hofft er, ist die Menschheit ja doch lernfähig.

Was fällt Ihnen spontan ein, wenn Sie an Glück denken?

Glück hat sich für mich in den letzten Jahren immer mehr gewandelt – weg vom Konsum, hin zum Erleben. Meine Frau und ich haben zum Beispiel vereinbart, dass wir uns keine Konsumgüter mehr schenken, sondern Erlebnisse. Ein schönes Wochenende zum Beispiel. Etwas, das man verbraucht, und nicht etwas, das man zuhause hinstellt und anschaut. Das gemeinsame Erleben empfinden wir als Glück. Oder wenn wir für unsere mittlerweile erwachsenen Kinder kochen dürfen, wenn die auf Heimatbesuch sind. Das empfinde ich auch als sehr erfüllend.

Welche Bedeutung hat Glück für Sie?

Ich würde das nicht unbedingt Glück nennen, sondern vielleicht eher Zufriedenheit und Ausgeglichenheit. Das schließt für mich ein, dass man gut mit den Anforderungen und Herausforderungen des Lebens zurechtkommt. Damit man sich dann auch wieder auf die besonderen Glücksmomente, -stunden oder -tage freuen kann.

Haben Sie einen Glücks- oder Wohlfühlplatz?

Ja, ich habe zum Schreiben eine schöne Terrasse. Im Hochsommer hat man dort ein sehr angenehmes Ambiente – ruhig, entspannend. Es macht mich sehr zufrieden, nur dort zu sitzen und zu schreiben.

Herbert Dutzler

Wovor haben Sie Angst?

Ich habe Höhenangst. Das merke ich immer wieder beim Bergsteigen. Sonst bin ich eigentlich nicht stark mit Ängsten behaftet. Wobei, Angst vor schweren, unheilbaren Krankheiten – das ist schon etwas, das einen immer wieder heimsucht. Speziell, wenn man älter wird. Aber richtig Angst habe ich nicht.

Wenn Sie an die Menschen, die Gesellschaft und die Zukunft denken – was macht Ihnen am meisten Sorgen?

Die Folgen der starken Migrationsbewegung sind aktuell schwer abzuschätzen. In

Mitteleuropa kann man sich ja leider momentan darauf verlassen, dass die Politik nicht die richtigen Entscheidungen treffen wird, um das in geordnete Bahnen zu lenken. Es wird spannend zu sehen, wie sich das Ganze weiterentwickelt. Allzu große Sorgen habe ich nicht. Trotzdem kann es meiner Meinung nach sein, dass es auch in Mitteleuropa wieder Gewaltausbrüche gibt, wenn wir die aktuelle Situation nicht gut bewältigen. Aber alleine der Wille und der Wunsch, das zu bewältigen, wäre schon einmal ein guter Schritt in die richtige Richtung.

Und was macht Ihnen Freude, wenn Sie an die Menschen, die Gesellschaft und die Zukunft denken?

Momentan konzentrieren meine Frau und ich uns stark darauf, wie es unseren Kindern im Erwachsenenleben ergehen wird. Unsere Söhne werden langsam flügge und gehen mit den neuen Herausforderungen ganz unterschiedlich um. Aber auch außerhalb der Familie gibt es Dinge, die mich optimistisch stimmen, zum Beispiel die Tatsache, dass es momentan ganz starke Strömungen gegen die Nahrungsmittel- oder die Pestizidindustrie gibt; dass da Menschen sind, die aufstehen und sagen, das wollen wir nicht mehr. Dass beispielsweise schön langsam Fair-Trade- und Bio-Artikel auch im Massensortiment verfügbar sind, lässt die Hoffnung zu, dass das auch bald in der Textilindustrie greifen wird. Das vielbeschworene Wort „Nachhaltigkeit" wird hoffentlich bald nicht mehr nur hier in Mitteleuropa Thema sein, sondern sich über die ganze Welt ausbreiten. Das weckt schon einen gewissen Optimismus. Das hat auch damit zu tun, dass unsere Kinder beide in Richtung Energieeffizienz forschen und wir da deshalb mehr mitbekommen. Mein älterer Sohn und seine Freundin forschen im Bereich LED, mein jüngerer Sohn ist Chemiker und beschäftigt sich ebenfalls mit Einsparungspotenzialen im Energiebereich. Wenn man hört, was da theoretisch möglich ist, lässt das hoffen, dass wir langsam von der fossilen Energie wegkommen. Vielleicht ist die Menschheit ja wirklich lernfähig.

BIOGRAFIE

Herbert Dutzler, geboren 1958 in Schwanenstadt, ist ein österreichischer Lehrer und Kriminalschriftsteller.

»Glück ist Harmonie, inneres Gleichgewicht«

Hoch oben auf dem Gipfel eines Berges oder im Schaukelstuhl in der Wohnung, mit einem Buch in der Hand. Glücksmomente erlebt er viele, sagt Dr. Heinz Fischer. Glück als innere Harmonie bestimmt die Lebensqualität des ehemaligen österreichischen Bundespräsidenten.

BIOGRAFIE

Dr. Heinz Fischer, geboren am 9. Oktober 1938 in Graz, war von 8. Juli 2004 bis 8. Juli 2016 Bundespräsident der Republik Österreich.

Heinz Fischer

Der Bundespräsident

Dr. Heinz Fischer

Wien, am 24. November 2015
dr.hfi/bb

Sehr geehrter Herr Candido!

Gerne beantworte ich die mir übermittelten Fragen wie folgt:

Was fällt Ihnen spontan ein, wenn Sie an Glück denken?
Harmonie, inneres Gleichgewicht, keine unlösbaren Probleme.

Welche Bedeutung hat für Sie Glück? Ihr letzter Glücksmoment?
Glück im Sinne von innerer Harmonie bestimmt meine Lebensqualität. Glücksmomente erlebe ich glücklicherweise viele – vor allem auch im Kreis meiner Familie.

Gibt es einen persönlichen Glücks- oder Wohlfühlplatz?
Persönliche Wohlfühlplätze sind für mich die Gipfel von Bergen, deren Besteigung schwierig, aber im Bereich des Möglichen ist. Außerdem mein Lesesessel in unserer Wohnung (ein lederner Schaukelstuhl).

Was sind Ihre wichtigsten Werte?
Ich habe mich schon oft schriftlich und mündlich zu Werten geäußert. An der Spitze meines Wertekataloges steht jedenfalls die Menschenwürde.

Was bereitet Ihnen die größte Freude, wenn Sie an die Menschen, die Gesellschaft und an die Zukunft denken?

Das faszinierendste am Menschen ist die Tatsache, dass jeder Mensch ein einzigartiges und unnachahmliches Wunder ist. Seine Fähigkeiten sind sowohl in positiver als auch in negativer Hinsicht grenzenlos.

Ich wünsche Ihnen und Ihrer Familie alles Gute und Ihrem Buchprojekt den besten Erfolg und verbleibe

mit besten Grüßen

Herrn
Rainer Candido
per Mail: rc@candido.at

»Glück bedeutet für mich zu leben«

Wenn er abends zu Bett ging, wusste er nicht, ob er den nächsten Tag überleben würde, sagt Max R. Garcia. Der Überlebende von vier KZ mit der Nummer 139 829 war jeden Morgen glücklich, wenn er aufgewacht ist. An Gott glaubt er nicht mehr.

Was bedeutet Glück für Sie?

Glück hatte ich, als ich in Ausschwitz war. Glück bedeutete für mich zu leben. In Auschwitz lebte ich für den einen Tag. Jeder Tag war ein anderer Tag. Ich lebte nicht für die Zukunft. Wenn ich abends zu Bett ging, wusste ich nicht, ob ich den nächsten Tag erleben würde. Ich bin jeden Tag in der Früh aufgewacht, und da war ich ein klein wenig glücklich. In Auschwitz habe ich existiert. Jetzt lebe ich. Es ist Glück, wenn man leben will. Der einfache Wille zum Leben.

Wo fühlen Sie sich wohl?

Mein Wohlfühlplatz ist mein Schaukelstuhl in meinem Wohnzimmer. Meine Wohnung ist meine heilige Kirche. Hier bin ich Gott. Denn ich glaube nicht mehr. Ich habe immer gesagt, wo war Gott, als ich in den Konzentrationslagern war? Das ist Schmock. Schmock ist ein jüdisches Wort und bedeutet „blöder Mann". Gott hat den größten PC im Himmel, er kennt 172 Sprachen und wollte hier nicht helfen? Warum? Religion ist der schönste Betrieb, man sieht nie einen Priester, der dünn aussieht.

Was waren Ihre persönlichen Glücksmomente?

Als ich eines morgens im KZ Ebensee aufwachte, ohne dass wir von Glockengeklingel und den Schreien der SS aufgeweckt wurden. Langsam dämmerte es uns: Die

Max R. Garcia

SS ist weg! Sie haben sich in der Nacht davongestohlen, die Feiglinge. Es waren nur noch zwei alte Volkssturm-Männer mit geschulterten Gewehren am Tor. Zwei alte Männer, um Tausende von uns zu bewachen. Sie verhandelten mit uns, baten, nicht angegriffen zu werden; sie hätten nur Befehle befolgt und seien unsere Wärter, bis die Befreier einträfen. Ihre Gewehre waren nicht geladen. Wir waren alle viel zu schwach und zu verängstigt, um irgendetwas zu unternehmen. Also warteten wir gemeinsam mit den beiden alten Männern auf unsere Befreier.

Unsere Befreier, die B-Truppe der US Army, war eine Panzer-Einheit mit dem Auftrag, das KZ Ebensee zu lokalisieren. Es war 10 Uhr morgens, um 11 Uhr entdeckten sie das KZ und wurden wieder zu ihrer Basis nach Traunkirchen zurückbeordert. Zwei Stunden später kam eine Vorhut, zwei Panzer und ein Jeep. Sie bekamen die Order, den Standort zu halten. Während sie auf den nächsten Befehl warteten, wollten sich die Häftlinge den Befreiern nähern. Sie wurden zurückgewiesen, weil die Amerikaner dachten, sie wären russische Kräfte. Sie gehorchten und gingen ins Lager zurück. Zwei Stunden später wurde das Lager befreit. Ich stand in der Nähe des Haupttors und beobachtete den US-Sergeant auf dem Panzer, wie er sich entspannt eine Zigarette anzündete. „Es ist lange her, dass ich eine Lucky Strike gehabt habe", schrie ich damals über den Lärm dem Soldaten zu. Der reichte mir dann die Hand und half mir auf den Panzer. Dort gab er mir eine Lucky und Feuer. Ich nahm einen Zug und ließ die Welt um mich herumdrehen. Er wollte mit mir ins Gespräch, es war schwierig, aber wir konnten uns verständigen. Er informierte seinen Leutnant, dass er jemanden gefunden hätte, der einigermaßen Englisch sprechen konnte. Sie beorderten über General Patton ein Feldlazarett mit all den Ärzten und Schwestern nach Ebensee, um die Überlebenden medizinisch zu betreuen.
Das war am 6. Mai 1945. Die englische Sprache hatte ich mir selbst beigebracht. Mein Vater gab mir damals in Amsterdam immer englischsprachige Zeitungen, ich war zehn oder elf Jahre alt. Somit kann ich mir immer sagen: Mein Vater hat mich gerettet! Er hat forciert, dass ich Englisch lerne und hat mir damit ein zweites Leben gegeben.

An was erinnern Sie sich, wenn Sie an Ebensee denken?

Das KZ Ebensee wurde für 6.300 Häftlinge gebaut, wir waren 18.000 Häftlinge, und jeden Tag starben 300 bis 400 Häftlinge. Ebensee war im September 1945 ein Dorf. Hier gab es nur Zement. Deswegen wurde auch das Lager gebaut. Es war einfach, einen Stollen zu bauen. Als das KZ Ebensee leer war, hat der damalige Bürgermeister auf dessen Gründen Häuser bauen lassen. Ich war so böse. Hier war nur unser Blut. Ich muss zuerst an meine Leute denken, dann an die Einheimischen.
Das Hauptquartier der Panzer-F-Kompanie war das Hotel Post an der Hauptstraße. Darüber war ein Bäcker, da wohnte ein Arzt mit einer Familie. Als die Amerikaner

nach Ebensee kamen, haben sie das ganze Hotel übernommen. Alle waren sehr froh – der Krieg war vorbei, keiner wurde mehr getötet und sie konnten schwimmen gehen. Am Sonntag kam dann die Nachricht an die F-Kompanie: Wir haben ein KZ gefunden! An diesem Tag wurden wir befreit.

Haben Sie im KZ Freundschaften geschlossen?

Ja, der Trompeter Lex van Weren, ein Mithäftling, war ein Freund. Er war fünf Jahre älter und größer als ich. Wir wurden Freunde in der Krankenabteilung in Auschwitz und hatten beide eine Lungenentzündung. Er nahm mich unter seine Fittiche und unterstützte mich. Lex wurde Dirigent des Camp-Orchesters, weil ein SS-Offizier ihn im holländischen Radio gehört hatte. Eines Tages sahen die Kapos Lex und wollten das Trompetenspielen lernen. Er gab ihnen eine Trompete, und im Gegenzug sollten sie mir, der ich gerade operiert wurde, helfen. Und das geschah wirklich. Als ich entlassen wurde, stand ich vor der Krankenstation mit einer alten Nummer. Viele Häftlinge sind hier angestanden, um neue Sterne zu bekommen. Da kamen die Kapos von der Paketstelle und fragten mich nach meinem Namen. Sie nahmen mich und gaben mir eine neue und bessere Nummer, einen Stern. Ich wusste nicht, dass Lex das möglich gemacht hatte. Das habe ich erst nach dem Krieg herausgefunden. Ich traf Lex viele Jahre später in Amsterdam und realisierte, dass er mir damit das Leben gerettet hatte.

BIOGRAFIE

Max Rodrigues Garcia, geboren 1924 in Amsterdam, überlebte die Konzentrationslager Buna, Auschwitz, Mauthausen und Ebensee. Heute lebt der ehemalige Architekt mit seiner Familie in San Francisco.

»Im tiefsten Inneren sind alle Menschen gleich«

Sein Wohlfühlort liegt in den Bergen, sagt Adrian Goiginger. Glücklich ist der österreichische Filmemacher, wenn er an seine Tochter und das Vatersein denkt – wobei Glück für ihn auch etwas mit Gott zu tun hat.

Was fällt Ihnen spontan ein, wenn Sie an Glück denken?

Meine einjährige Tochter und das damit verbundene Vatersein.

Welche Bedeutung hat Glück für Sie?

Glück resultiert für mich aus dem warmen Gefühl zu lieben und geliebt zu werden. Dabei meine ich nicht nur die romantische Liebe zwischen Menschen, sondern vor allem die zu unserem Schöpfer.

Gibt es einen Glücks- oder Wohlfühlplatz?

Für mich ist das die Natur, genauer gesagt die Berge. Ob im Winter auf Tourenski oder im Sommer mit Laufschuhen – die Berge sind mein Wohlfühlort.

Warum haben Sie sich für diesen Glücks- oder Wohlfühlplatz entschieden?

Die Wahl eines Wohlfühlplatzes ist keine Entscheidung, sondern abhängig von einem Gefühl. Genau kann ich nicht erklären, warum es mir die Berge so angetan haben. Vermutlich liegt es auch am damit verbundenen Sport und der Unabhängigkeit der Berge von der menschlichen Zivilisation.

Adrian Goiginger

Was sind Ihre wichtigsten Werte?

Ehrlichkeit und Authentizität sind mir sowohl bei mir als auch bei anderen Menschen sehr wichtig.

Was macht Ihnen die größten Sorgen, wenn Sie an die Menschen, die Gesellschaft und an die Zukunft denken?

Die rücksichtslose, von Konzernen angetriebene Industrialisierung der Welt. Durch den Kapitalismus gerechtfertigt zerstören wir die Natur, es werden 99 Prozent der Bevölkerung ausgebeutet, und dadurch wird die Schere zwischen Arm und Reich vergrößert. Ich befürchte, dass diese Entwicklung in der Zukunft weitergehen wird und sich noch verstärkt.

Was bereitet Ihnen die größte Freude, wenn Sie an die Menschen, die Gesellschaft und die Zukunft denken?

Dass Menschen im tiefsten Inneren alle gleich sind und immer auf die Suche nach Liebe und Geborgenheit gehen. Das war schon immer so und das wird sich auch in Zukunft nicht ändern.

Was wäre Ihr größter Traum?

Mit meiner Familie alt und glücklich zu werden.

Wenn Sie jetzt an etwas Schönes denken, was wäre es?

Meine Tochter.

Was bedeutet für Sie Freude?

Den Sinn im Leben zu finden und nach diesem zu leben.

Wovor haben Sie Angst?

Vor dem Tod eines Menschen, den ich liebe, und ganz praktisch vor Haien und Spinnen.

Womit sind Sie zufrieden?

Mit der aktuellen Verfassung der österreichischen Profisportler. Sowohl im Fußball, Skifahren und Tennis mischen wir vorne mit. Mit mir selbst bin ich nie zufrieden.

Wie lautet Ihr Lebensmotto?

Every breath brings you one step closer to death.

BIOGRAFIE

Adrian Goiginger, geboren am 22. Februar 1991 in Salzburg, ist ein österreichischer Filmemacher.

»Chancen ergreifen und nie aufgeben«

In der Natur ist sie glücklich, sagt Jane Goodall. Mit nur 26 Jahren reiste sie 1960 erstmals von England nach Tansania, um die Lebensweise von Schimpansen zu erforschen. Ein Traum, dessen Verwirklichung ihr damals kaum jemand zugetraut hätte, wie sie sagt. Aber zum Glücklichsein gehöre auch, für seinen Traum zu kämpfen.

Haben Sie einen speziellen Glücksplatz?

Ja, da gibt es einen ganz speziellen Platz für mich, tief im Wald: ein Wasserfall, der 80 Meter in die Tiefe rauscht. Das war früher ein sehr wilder, spiritueller Platz, den ich jedes Mal aufgesucht habe, wenn ich in diesem Nationalpark war. Aber eines Tages, als ich dort ankam, habe ich gesehen, wie Wasser abgepumpt wurde – für die Toilettenanlagen der Touristen, die dort Station machten. Das fand ich furchtbar. Ich weiß nicht, wie es heute aussieht, ob es wieder besser geworden ist. Für mich war das wirklich ein schon fast heiliger Platz. Ich hoffe, das Friedvolle ist dorthin zurückgekehrt. Heute betrachte ich auch mein Zuhause als speziellen Ort. Alles aus meiner Kindheit befindet sich dort. Meine Bücher, die Bücher meiner Mutter und sogar meiner Großmutter sind noch dort. Der Garten schaut noch fast so aus wie früher. Und meinen Baum, den gibt es auch noch. Der ist heute schon riesig.

Gibt es in Ihrem Zuhause einen besonderen Platz, an dem Sie sich gerne aufhalten?

Ja, mein Arbeitszimmer. Das ist momentan ein besonderer Platz für mich. Und das Wohnzimmer. Im Winter, wenn ein Feuer im Kamin gebrannt hat, hab ich mich dort hingelegt und einfach wohlgefühlt.

Jane Goodall

Was bedeutet Glück für Sie?

Es gibt bestimmte Momente des Glücks; zum Beispiel als ich mein erstes Buch in Händen hielt, es aufgeschlagen habe – das war eine Art Glücksmoment. Ein freudiger Glücksmoment. Oder wenn ich irgendwo draußen in der Natur bin, im Wald. Für mich ist es dort friedvoll. Dort bin ich glücklich.

Was bereitet Ihnen die größte Sorge, wenn Sie an die Menschen und die Gesellschaft der Zukunft denken?

Der Materialismus. Dass dieses materielle Denken überhandnimmt.

Und was bereitet Ihnen die größte Freude, wenn Sie an die Menschen und die Gesellschaft der Zukunft denken?

Vieles! Ich bin der Meinung, Menschen sind grundsätzlich gut und viele denken in die richtige Richtung. Speziell junge Menschen fühlen sich heute mehr involviert, es existiert grundsätzlich ein Bewusstsein, was die Probleme unserer Welt betrifft. Eigentlich muss es nur noch Klick machen, damit wir von diesem Bewusstsein zu einer Handlung wechseln und wirklich etwas verändern. Mir kommt vor, manche Menschen, die viel über unsere Welt nachdenken und sich kümmern, sind einfach überwältigt von dem, was in der Welt vorgeht. Und wenn man überwältigt ist, tut man manchmal einfach gar nichts oder fällt in eine Depression. Oder man wird wütend. Das ist aber nicht die Art von Handlung, die es braucht. Ich habe verschiedene Programme für Jugendliche ins Leben gerufen, um dem entgegenzuwirken. Es ist so schön zu sehen, wie diese Jugendlichen in das Leben hineintauchen, wie sie Ideen entwickeln, wie sie etwas bewegen. Und sie können etwas bewegen! Sie können die Welt verändern. Zuerst ändern sie ihre Eltern und ihre nächste Umgebung, dann verändern sie die Welt.

Was sind Ihre wichtigsten Werte?

Ich denke, Freundlichkeit und Respekt vor anderen sind sehr wichtig. Und auch, anderen zuhören zu können. Nicht immer sein Argument in ein Gespräch einwerfen zu müssen. Genau zuzuhören, ehrlich zu sein. Und Humor. Humor ist sehr wichtig. Man muss auch über sich selbst lachen können.

Wovor haben Sie die meiste Angst?

Auf mich persönlich bezogen ist meine größte Angst, im Alter von anderen Menschen abhängig zu werden und Dinge nicht mehr selbst erledigen zu können. Dass das Denken nachlässt, das Gehirn schlechter wird. Das ist für mich persönlich wahrscheinlich am schlimmsten. Was die Welt betrifft: Wir werden nicht genug Menschen haben, um eine Veränderung herbeizuführen. Viele Wissenschaftler sagen ja, dass der Zeitpunkt, etwas zu verändern, bereits überschritten ist.

Gibt es etwas, was Sie noch über Glück erzählen möchten?

Vielleicht die Botschaft, die mir meine Mutter mitgegeben hat. Früher hat niemand wirklich daran geglaubt, dass ich nach Afrika gehen und mit wilden Tieren arbeiten würde. Viele haben mich ausgelacht. Meine Mutter aber hat gesagt: Wenn du etwas erreichen willst, musst du hart daran arbeiten. Du musst Chancen ergreifen und nie aufgeben. Das ist die Botschaft, die ich bekommen habe und die ich auch anderen Menschen mitgeben möchte. Seit ich ungefähr zehn Jahre alt war, habe ich von Afrika geträumt. Ich habe den Flugzeugen nachgeschaut, die weggeflogen sind. Aber wir hatten nie viel Geld. Deshalb habe ich umso härter an meinem Traum gearbeitet.

Dear Rainer,
It has been a pleasure talking with you. We are both lucky - we both could have died in a crash - car and plane. And it is very good to think & talk about happiness and laughter. The saying "Laughter is the best medicine" is true.

Jane Goodall

BIOGRAFIE

Jane Goodall, geboren am 3. April 1934 in London, ist Verhaltensforscherin, UN-Friedensbotschafterin und Gründerin des Jane-Goodall-Instituts. Sie begann 1960 damit, das Verhalten von Schimpansen im Gombe-Stream-Nationalpark in Tansania zu untersuchen.

»Glück ist ein großes Wort, in das die Menschen sehr viele Erwartungen setzen«

Wenn man jung ist, glaubt man, das Glück sei ein Dauerzustand, sagt Monika Gruber. Die deutsche Kabarettistin und Schauspielerin erzählt von ihren Träumen, Sorgen und Werten und definiert ihre ganz persönlichen Glücksorte.

Was fällt Ihnen spontan ein, wenn Sie an Glück denken?

Familie, Gesundheit, Lachen und Lebensfreude. Das sind die vier Begriffe, die mir spontan einfallen, wenn ich an Glück denke. Glück ist ein großes Wort, in das die Menschen sehr viele Erwartungen hineinstecken. Ich bin der Meinung, dass man Glück in den kleineren, den alltäglichen Dingen suchen muss. Wenn man jung ist, glaubt man, dass Glück ein Dauerzustand sein soll. Man pflegt die romantische Vorstellung, dass man irgendwann seinen Traumpartner trifft, alles gut wird und man auf einem weißen Pferd freudestrahlend gen Horizont reitet. Man rechnet eigentlich mit einem dauerhaften Glücksabo, bis dass der Tod uns scheidet. Wenn man dann älter wird, nimmt man Glück anders wahr, es reichen einem kleinere Dosen davon. Glück, das ist oft nur eine kleine Momentaufnahme. Beispiel: Du sitzt am Gardasee, die Sonne scheint, du hast ein Glaserl Wein und einen netten Menschen neben dir – in dem Moment bist du glücklich. Das kann fünf Minuten oder eine Stunde dauern. Ich glaube, dass Glück oft zu den Menschen kommt und die Menschen es aber ganz häufig nicht erkennen, nicht

Monika Gruber

erkennen wollen, weil sie sich so daran gewöhnt haben, zu jammern und ständig nur das Negative zu sehen.

Sind Sie glücklich?

Ich bin oft glücklich, und diese Momente schätze ich auch sehr. Ich schlafe ein oder wache auf und danke dem Herrgott, dass ich in einer privilegierten Situation bin, dass es meiner Familie gut geht, dass ich einen Beruf habe, der mir sehr viel Spaß macht. Ich lebe in einem Haus, in dem ich mich wohl fühle, habe liebe Freunde, nette Nachbarn, einfach ein angenehmes, erfülltes Leben und da muss man ab und an innehalten und sagen: Danke, dass es mir so gut geht! Aber natürlich habe ich auch – wie jeder Mensch – melancholische, vielleicht sogar dunkle Momente, was aber nicht heißen muss, dass ich dann gleich unglücklich bin. Die Gefühlsachterbahn gehört einfach zum Leben dazu.

Haben Sie einen persönlichen Glücksort?

Mein Zuhause, das ich mir so geschaffen habe, wie ich es wollte. Da ist Ruhe, Stille – ein seltenes Gut heutzutage. Da ist wirklich nichts, es gibt nur Lärm, wenn ich ihn mache. Oft mache ich nicht einmal das Radio an, weil ich die Stille so genieße. Ich habe Küche, Ess- und Wohnzimmer in einem Raum, der sehr lichtdurchflutet ist – da schaue ich in den Garten, wo ein kleines Wasser plätschert. Das tut den Augen, den Ohren und der Seele gut. Dort lese ich viel oder sehe mir Filme an. Ich bin ja bekennender Film- und Serienjunkie. Ich liebe *Modern Family* oder *Monaco Franze,* die großartigste bayerische Serie überhaupt, die ich in Teilen auswendig kann, so oft habe ich sie schon gesehen. Ein weiterer Glücksort ist der Bauernhof meiner Eltern. Meine Brüder mit Neffen und Nichten wohnen direkt daneben bzw. der eine nur über die Straße. Wenn ich da aus dem Auto aussteige, kommen die Kinder gelaufen und rufen: „Tante Moni, Tante Moni!" Da geht mir jedes Mal das Herz auf. Außerdem gibt es in München ein paar Plätze, die ich als Glücksorte empfinde, den Viktualienmarkt zum Beispiel. Den mögen viele Menschen nicht, weil er ihnen zu touristisch ist, aber ich finde diesen Platz wunderschön, eine Oase mit Biergarten und Bäumen mitten in der Großstadt. Wir haben einmal nachts da gedreht, und es war nichts los, weil alle Stände natürlich geschlossen waren. Du konntest nur die

Kastanienbäume vom Biergarten riechen, der Turm vom Alten Peter war angestrahlt, und der ganze Platz war in ein fast mystisches Licht getaucht. Ein wunderbarer Ort.

Was sind Ihre wichtigsten Werte?

Man hat das Gefühl, Werte sind jetzt aus der Mode gekommen. Es gibt zwar eine Liste von Schlagworten, die zur Zeit oft verwendet werden, wie etwa Achtsamkeit, Mitmenschlichkeit, die aber weniger gelebt werden als vielmehr Teil eines sehr trendigen Geschäftsmodells – übrigens auch gewisser Parteien – sind. Auf meiner persönlichen Werteskala weit oben stehen etwa Anstand, Höflichkeit, Repekt gegenüber den Mitmenschen sowie Mitgefühl. Generell merkt man im Alltag schon, dass der Umgangston untereinander rauer wird. Beispiel: Wenn Menschen in ein Geschäft gehen und nicht mehr „Grüß Gott" oder „Auf Wiedersehen" sagen können, dann empfinde ich das als äußert respektlos und flegelhaft. Ich habe früher als Kellnerin gearbeitet. Wenn die Menschen bestellt haben, haben sie sich nicht einmal die Mühe gemacht, dir ins Gesicht zu schauen. Ich fand das immer unglaublich überheblich, denn ich war zwar Bedienung, wurde aber behandelt wie ein Diener. Außerdem fehlt mir eine gewisse Demut und Grunddankbarkeit bei den Leuten. Ich habe das Gefühl, den Menschen geht es zu gut, sie faseln irgendwas von Nachhaltigkeit und ökologischem Fußabdruck und bestellen dann im Lokal – gerade auch für die Kinder – Riesenportionen, wovon danach der Großteil weggeschmissen wird. So was hätte es früher bei meinen Eltern niemals gegeben. Gibt es heute noch nicht.

Welche Sorgen haben Sie, wenn Sie an die Menschen und die Gesellschaft von morgen denken?

Große Sorgen bereitet mir die Politik im Allgemeinen und im Besonderen. Ein berühmter Mann – der Name ist mir leider entfallen – hat einmal sehr richtig gesagt: „Politiker reagieren erst dann, wenn es sie selber betrifft, das heißt entweder zu spät oder gar nicht." Das beste Beispiel dafür war und ist die Flüchtlingskrise. Jahrelang schaut die ganze Welt zu, wie Italien sich mit Tausenden Flüchtlingen jedes Jahr abmüht, und jedes Land – auch Deutschland – ist davon ausgegangen: Das betrifft uns nicht. Dann herrscht jahrelang Krieg in Syrien und die Politiker denken sich: „Syrien ist weit weg!" – Ich war einmal bei einer Sitzung im Bundestag geladen und habe es mit eigenen Ohren gehört und erlebt. Dann begeben sich Hunderttausende auf die Flucht, und erst als Tausende davon in Ungarn festsitzen, reagiert man völlig überstürzt und kopflos. Und an dieser Handlungsweise hat sich leider bis heute nichts geändert. Das lässt für die Zukunft nichts Gutes hoffen, denn es wird für alles (Flüchtlinge, Schuldenunion) ein einheitlicher europäischer Kurs gefordert, aber in Wahrheit treibt man nur die Spaltung Europas voran. Sorgen bereitet mir außerdem eines der größten Probleme, das unsere Umwelt mehr bedroht als alles andere, was aber in der Politik nur selten angesprochen wird, denn man neigt dazu, unangenehme Themen zu meiden: Überbevölkerung. Die Bevölkerung von Afrika wird sich bis zum Jahr 2050 verdoppelt haben; in weniger als 20 Jahren gibt es für 600 Millionen Inder keinen Zugang mehr zu sauberem Trinkwasser. Diese Probleme stellen eine massive Bedrohung für unsere Zukunft dar, aber es wird fast gar nichts dagegen getan. Das macht mir Angst, denn die Natur braucht uns Menschen nicht, aber wir die Natur.

Wovor haben Sie Angst?

Vor Krankheit in meiner Familie und vor der Einsamkeit im Alter. Und ehrlich gesagt auch ein bissl vor dem Altwerden.

Wie lautet Ihr Lebensmotto?

Carpe diem, nutze den Tag. Erfreu dich an dem, was der Tag bringt. Und im Hinterkopf sollte man immer behalten, dass man jeden Tag etwas ändern kann, wenn man unzufrieden ist. Und man sollte viel mehr geben als immer nur nehmen. Ich bekomme viel Liebe und Zuneigung von meinen Fans – und deshalb versuche ich, auch etwas zurückzugeben an die Menschen, die es nicht so gut haben. Und ich glaube daran, dass jeder seines eigenen Glückes Schmied ist. Jeder Tag ist eine neue Chance.

BIOGRAFIE

Monika Gruber, geboren am 29. Juni 1971 in Wartenberg, ist eine deutsche Kabarettistin und Schauspielerin.

»Glück ist ein Tag ohne Schmerzen«

Ein Tag ohne Schmerzen ist für sie ein Glückstag, sagte Ulrike Hattinger. Die Krebspatientin empfand Freude, wenn sie die Sonne auf dem Gesicht spüren oder in eine Decke eingewickelt im Gras liegen konnte, neben sich einen Herzensmenschen.

Was kommt Ihnen spontan in den Sinn, wenn Sie an Glück denken?

Keine Schmerzen. Das ist das Erste, was mir in den Sinn kommt.

Wann hatten Sie dieses Gefühl das letzte Mal?

Keine Schmerzen? Hm. Vor sechseinhalb Jahren. Wobei, das stimmt nicht ganz. Damals waren es erträgliche Schmerzen. Das letzte Mal schmerzfrei war ich mit 18. Als ich 18 Jahre alt war, hat es angefangen.

Was ist für Sie ein schöner Tag?

In der jetzigen Situation? Wenn an einem Tag einmal nichts Lebensbedrohliches auftaucht. Wenn ich aufstehen und frühstücken kann. Wenn ich mich bewegen kann, ohne dass mir ständig etwas wehtut. Wenn ich das Glück habe – da wären wir wieder beim Thema –, dass ich eine Stunde hinaus kann, an die frische Luft. Wenn ich die Sonne spüre, wenn ich atmen, ein bisschen frei denken kann. Wenn ich schlafen kann, auch wenn es nur ein paar Stunden sind. Dann war das ein schöner Tag.

Was bereitet Ihnen Freude?

Der Gedanke daran, dass, wenn es mir wieder besser geht und der Magen mitspielt, ich mit Freunden nach Wien fahren und dort ein riesiges T-Bone-Steak essen möchte.

Ulrike Hattinger

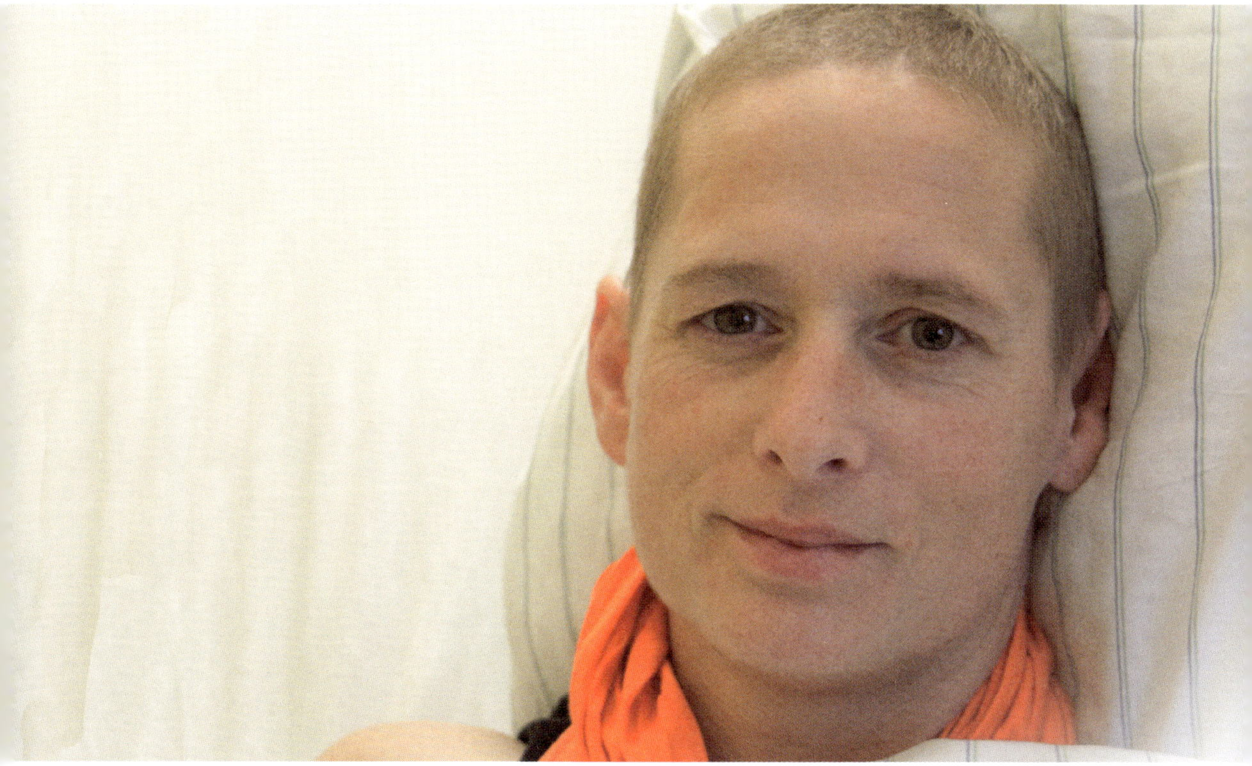

Meine Freundin Monika versorgt mich immer wieder mit kulinarischen Kleinigkeiten hier im Krankenhaus. Aber für mich ist essen Genuss – und genießen kann ich nur, wenn es mir gut geht, wenn nichts weh tut. Aber irgendwann werde ich mal wieder zu einem All-you-can-eat-Buffet gehen und mich einfach durch alle Geschmäcker probieren. Schauen, was mir gut tut.

Welche Bedeutung hat für Sie Ihre Freundin Monika?

Die Moni ist für mich ein Geschenk dieser Krankheit. Dass wir nach längerer Zeit wieder zusammengefunden haben. Durch den Akutkrebs sind wir total zusammengewachsen, wie früher. Wir schwingen gleich. Ich liebe Menschen, bei denen man sein kann, wie man ist, und gar nichts reden muss. Erst kürzlich sind wir unten im Park gelegen, in Decken eingewickelt, sie hat ihren Arm um mich gelegt. Über uns waren die Wolken, es war friedlich. Einfach schön. So eine Freundschaft, das ist ein Geschenk.

Kann man sagen, dass das ein Glücksmoment ist, dass Sie diese Freundschaft wiedergefunden haben?

Ja, das kann man sagen. Das ist ein großes Glück. Sie ist für mich ein Herzensmensch.

Wenn Sie Ihre Freundin Monika mit einem Wort beschreiben müssten, was wäre das?

Schwester.

BIOGRAFIE

Ulrike Hattinger, geboren im August 1971, war Krebspatientin und 2-fache Mutter.
Sie starb im Oktober 2014.

»Werde selbst ein Glück für die anderen«

Die unersättliche Gier nach Geld macht ihm Sorgen, sagt Adi Hirschal. Der Schauspieler, Sänger, Regisseur und Intendant ist auch mit „genug“ zufrieden.

Was fällt Ihnen spontan ein, wenn Sie an Glück denken?

Das Glück ist mein Nachbar. Ich grüße ihn täglich sehr freundlich.

Welche Bedeutung hat Glück für Sie?

Glück ist für mich der Sinn des Lebens.

Haben Sie einen Glücks- oder Wohlfühlplatz?

Ja, das ist mein Zuhause.

Was sind Ihre wichtigsten Werte?

Meine Familie und die demokratische Gesellschaftsordnung.

Wenn Sie an die Menschen, die Gesellschaft und die Zukunft denken, was bereitet Ihnen die größte Freude?

Meine Freunde.

Und welche Sorgen haben Sie, wenn Sie an die Gesellschaft der Zukunft denken?

Die unersättliche Gier nach Geld.

Adi Hirschal

Was wäre Ihr größter Traum?

Diese Welt in Ruhe und zufrieden verlassen zu können.

Wenn Sie jetzt an etwas Schönes denken, was wäre das?

Meine Frau, meine Kinder und mein Garten.

Was bedeutet für Sie Freude?

Lieben und geliebt zu werden.

Wovor haben Sie Angst?

Vor dem Versagen.

Womit sind Sie zufrieden?

Mit „genug“.

Wie lautet Ihr Lebensmotto?

When the going gets tough, the tough get going.

Möchten Sie mir zum Thema Glück noch etwas mitteilen?

Ja. Werde selbst ein Glück für die anderen.

BIOGRAFIE

Adolf „Adi“ Hirschal, geboren am 17. November 1948 in Innsbruck, ist ein österreichischer Erzähler, Entertainer, Sänger, Schauspieler und Intendant.

»Die Musik und die kleinen Dinge machen mir Freude«

Er kann sich über ein kurzes Lächeln freuen, sagt Martyn Jacques. Im Alltag versucht der Musiker, im Auge des Sturmes so ruhig wie möglich zu bleiben und die Höhen und Tiefen des Künstlerlebens bestmöglich zu meistern.

Was beschäftigt Sie derzeit?

In meiner Arbeit ist derzeit *Lulu* meine größte Leidenschaft, das Buch von Frank Wedekind. Da geht es um die Büchse der Pandora. Damit beschäftige ich mich im Moment sehr, ich bin fast besessen davon. Es ist eine sehr düstere Geschichte. Am Ende wird Lulu von Jack the Ripper ermordet. Die Essenz der Geschichte ist, wenn man so möchte, dass alle Männer im Leben von Lulu versucht haben, sie zu zerstören. Stück für Stück. Und Jack the Ripper war der eine Besondere, derjenige, der sie schließlich gänzlich und wahrhaftig zerstört hat.

Ein echter Künstler zu sein heißt für mich, gewissen Dingen auf den Grund gehen zu wollen. Sich Gedanken zu machen zu verschiedensten Dingen. Dabei durchlebe ich natürlich dann viele Höhen und Tiefen. Ich zweifle an mir, pushe mich im nächsten Moment. Das hat etwas mit leiden zu tun. Ich glaube, das Künstler-Sein geht damit einher. Mit dem Leiden.

Was bereitet Ihnen Freude?

Da sind mehrere kleinere Dinge, über die ich mich freue. Zum Beispiel, wenn ich in einem Flugzeug bin und mit den Crewmitgliedern ein Lächeln austausche oder einen

Scherz. So etwas bereitet mir Freude. Und das Arbeiten mit Musik, mit den Lyrics. Das bereitet mir auch Freude.

Haben Sie einen Lieblingsplatz, einen besonderen Ort, an dem Sie gerne sind?

Ich habe einen gemütlichen Sessel in meiner Wohnung, in dem ich sehr gerne sitze. Wenn ich in diesem Sessel sitze, kann ich aus dem Fenster sehen. Das ist schön. Die Gegend, in der ich lebe, mag ich sehr.

Was sind Ihre wichtigsten Werte?

Liebe ist wichtig für mich. Aber diese Frage lässt sehr viel Raum. Im Alltag versuche ich, ruhig im Auge des Sturmes zu bleiben. Mein Leben ist schon so etwas wie ein Sturm. Ich verbringe mein Leben in Flugzeugen, in Hotelzimmern. Ich wache mitten in der Nacht auf und denke mir: wo bin ich? Und in welchem Land? Dann ist da der konstante Druck, performen zu müssen. Die Angst, dass Dinge schieflaufen. Dass das Klavier kaputtgeht. Dass die Planung im Vorfeld einer Tour schiefläuft. Deshalb versuche ich, ruhig zu bleiben. Entspannt zu bleiben. Am Leben zu bleiben.

Was sind Ihre größten Sorgen, wenn Sie an die Menschen, die Gesellschaft und die Zukunft denken?

Eine größte Sorge habe ich eigentlich nicht. Grundsätzlich versuche ich, mit meiner Kunst einen bestimmten Beitrag zu leisten, Kommentare zu bestimmten Dingen abzugeben. Und wenn das Leben morgen vorbei wäre – dann ist es eben so.

BIOGRAFIE

Martyn Jacques, geboren am 22. Mai 1959 in Slough, Großbritannien, ist ein britischer Musiker, Sänger und Songwriter. Er wurde vor allem als Gründer und Frontman des britischen Kult-Trios The Tiger Lillies bekannt.

»Die Glücksmomente überwiegen«

In Irland fühlt er sich wohl, sagt Kilian Kerner. Wegen der Natur und den Menschen. Freude erlebt der Designer im Kreise seiner liebsten Menschen, Glück in der Selbstbestimmtheit.

Was fällt Ihnen spontan ein, wenn Sie an Glück denken?

Das größte Glück für mich im Leben ist, wenn man eigenbestimmt leben darf. Wenn man nicht auf zu viele Dinge angewiesen ist. Wenn man sein Leben so gestalten kann, wie man das für richtig hält.

Haben Sie einen Glücks- oder Wohlfühlplatz?

Meistens sitze ich am Esstisch in meiner Wohnung. Und es hängt oft von Menschen ab. Wo ich mich sehr wohl fühle, ist beispielsweise in Dublin, in Irland. Da ist die Natur wunderschön, die Menschen sind super. Die ganze Aura ist so freundlich.

Wenn du an die Zukunft, an die Menschen und die Gesellschaft denkst, was bereitet dir Sorgen?

Wie mit den Flüchtlingen umgegangen wird, das macht mir große Sorgen. Dass viele noch nicht begriffen haben, dass das Menschen sind, die nicht hierherkommen, weil sie das wollen, sondern weil sie am Leben bleiben wollen. Und dann kommen sie in Länder wie unseres und müssen sich noch blöd anreden lassen, werden angegriffen. Das macht mir große Sorgen. Und es macht mir Sorgen, dass das Schuldgefühl der Deutschen hinsichtlich des Zweiten Weltkriegs noch so tief sitzt, dass man auf nichts stolz sein darf, was wir Deutschen machen. Das ist problematisch, und es hemmt auch die Weiterentwicklung. Das, was damals passiert ist, sind die größten

Kilian Kerner

Verbrechen an der Menschheit gewesen. Aber ich habe damals nicht gelebt. Ich bin nicht dafür verantwortlich.

Was bereitet Ihnen Freude, wenn Sie an die Menschen, die Zukunft und die Gesellschaft denken?

Allgemein finde ich es toll, dass wir als Gesellschaft immer Schritte nach vorne machen und uns entwickeln. Wobei das nicht immer gut sein muss. Mich persönlich macht glücklich, dass ich in gewisser Weise zur Natur gefunden habe. Früher habe ich mich wenig für die Natur interessiert – heute merke ich, wie glücklich es mich macht, in der Natur zu sein. Ich fahre zum Beispiel auch nach Irland der Natur wegen. Und wegen der Menschen.

Was sind Ihre wichtigsten Werte?

Ehrlichkeit, Pünktlichkeit, Disziplin. Das sind die Dinge, die mir am wichtigsten sind. An erster Stelle steht eigentlich Disziplin. Und auch Vertrauen – das wird immer wichtiger für mich, vor allem im privaten Bereich. Die Ansprüche an eine Freundschaft sind bei mir schon extrem hoch.

Welche Momente bereiten Ihnen besonders Freude?

Da gibt es viele. Zum Beispiel nur Zeit mit den Menschen zu verbringen, die mir am wichtigsten sind. Und da braucht es auch gar nicht viel – nur einen Tisch und ein paar Stühle. Oder nicht einmal das. Das ist für mich das Schönste. Und auch mein Beruf. Es ist zwar Arbeit, aber da gibt es für mich so krasse Momente. Wenn ich eine Kollektion entwerfe und die ersten Teile kommen von der Musterung zurück, das ist jedes Mal so ein Glücksgefühl, das kann man gar nicht beschreiben. Da erinnere ich mich dann: Das ist vor drei Monaten in meinem Kopf entstanden und jetzt hängt es hier. Und im besten Falle kommt morgen jemand und zieht das an. Das sind schon Glücksmomente für mich. Oder auch, wenn ich eine Show mache. Da wechseln sich Glücksmomente und ärgerliche Momente ab, aber die Glücksmomente überwiegen.

Wovor haben Sie Angst?

Ich habe Höhenangst. Und Angst vor dem Meer.

Möchten Sie mir zum Thema Glück noch etwas sagen?

Ja, da fällt mir etwas ein. Ich habe ja Schauspiel studiert. Und da gab es einmal eine Szene mit einem Mädchen, das permanent unglücklich war. Das Mädchen hat einen Pfarrer gefragt: Warum werde ich nicht glücklich? Und der Pfarrer hat geantwortet: Warum glaubst du, auf die Welt gekommen zu sein, um glücklich zu sein? Vielleicht ist das nicht deine Aufgabe.

Ich finde, das ist etwas, über das man nachdenken könnte, wenn es um Glück geht.

BIOGRAFIE

Kilian Kerner, geboren 1979 in Köln, ist ein deutscher Modedesigner.

»Wir sind eine Gesellschaft im Umbruch«

Er ist ein positiv denkender Mensch, sagt Heinrich Dieter Kiener. Der geschäftsführende Gesellschafter der Stieglbrauerei spricht über Demut, die Macht von *bad news* – und seinen persönlichen Zugang zum Thema Glück.

Welche Bedeutung hat Glück für Sie?

Glück kann vieles sein. Im wirtschaftlichen Bereich hat es oft mit Erfolg zu tun. Ich denke aber, der materielle Erfolg ist zu wenig, um glücklich zu sein. Es kann auch Glück bedeuten, wenn jemand beispielsweise ein Buch schreibt und so eine Idee zur Umsetzung kommt. Das ist vielleicht das Schönste in meinem Beruf: Als Privatunternehmer kann ich viele Dinge umsetzen, ohne dass ich vorher verschiedenste Personen vom jeweiligen Thema überzeugen muss. Wenn ich dann die Fortschritte sehe und zuschauen kann, wie etwas Neues entsteht. Das ist eine Form von Glück für mich. Glück ist für mich auch, mein Leben gesund mit einem geliebten Menschen teilen zu können: die großen und kleinen Freuden und auch Sorgen des Alltags auszutauschen und das Leben gemeinsam zu genießen.

Was bereitet Ihnen Sorgen, wenn Sie an die Gesellschaft der Zukunft denken?

Wenn man an der Spitze eines Unternehmens steht, geschieht es automatisch, dass man sich viel mit dem beschäftigt, was nicht funktioniert. Mir hat einmal jemand gesagt, als Chef ist man für die ganz großen Dinge und auch für die ganz kleinen zuständig. Das stimmt.

Heinrich Dieter Kiener

Sorgen bereitet mir manchmal die Art und Weise, wie Dinge heute in den Medien kommuniziert werden. Wenn alles so sensationsgetrieben aufbereitet wird, führt das dazu, dass ich die Nachrichten einfach gar nicht mehr lesen oder sehen möchte. Da ist sehr viel an Ethik verlorengegangen. Ich glaube, wir leiden derzeit an einem Overflow der Medien an *bad news*. Aber offensichtlich verlangen wir Menschen das so. Wir sind in einer oberflächlichen Gesellschaft gelandet, die sich gerne mit dem Negativen auseinandersetzt.

Oder dieses Schwarz-weiß-Denken – das ist nicht gut. Manche Menschen sagen beispielsweise, alles, was Genuss ist, ist per se ungesund. Das kann ich so nicht unterschreiben. Der Mensch lebt ja auch von der Lebensfreude. Es kann nicht gut sein, wenn einem alles verboten wird. Der Mensch braucht Freiheit und Eigenverantwortung. Zum Glück gibt es ja auch diese Gegenbewegung.
Grundsätzlich sind wir eine Gesellschaft im Umbruch. Manche gehen sogar einen Schritt weiter und sagen, wir sind auf dem Weg zu einer weiteren Stufe in der Entwicklung der Menschheit.

Wenn Sie an die Menschen und die Gesellschaft in der Zukunft denken, worauf freuen Sie sich?

Ich bin grundsätzlich ein positiv denkender Mensch. Als solcher gehe ich auch davon aus, dass sich die Menschheit positiv und nach vorne entwickelt.

Haben Sie einen Glücks- oder Wohlfühlplatz?

Ich habe in meinem Arbeitszimmer ein Sofa und meine Lektüre, meine Musik. Das ist mein Wohlfühlplatz, da kann ich mich entspannen.

Was möchten Sie uns zum Thema Glück noch mitteilen?

Ich denke, dass wir vieles bewusster wahrnehmen sollten, mit mehr Demut. Wir leben doch in einer tollen Zeit! Wir können die Welt bereisen, wir können so viel machen, uns steht so vieles zur Verfügung, so viele Türen stehen offen. Man sollte sich öfter bewusst machen, was sich da alles Positives in den letzten sechzig Jahren getan hat.

BIOGRAFIE

Dr. Heinrich Dieter Kiener, geboren am 24. Juli 1956 in Salzburg, ist geschäftsführender Gesellschafter der Stieglbrauerei zu Salzburg, Privatbrauerei.

»Freude bedeutet tiefes, sinnliches und gedankenreiches Erleben«

Mit seinem Leben ist er zufrieden, sagt Alfred Komarek. Sorge bereitet dem Schriftsteller aber die zunehmende Unfähigkeit der Menschen, intensiv zu erfahren und zu erleben.

Was fällt Ihnen spontan ein, wenn Sie an Glück denken?

Glück ist, die eigene Mitte zu finden und den Platz in der Welt.

Welche Bedeutung hat Glück für Sie?

Glück hat für mich eine essentielle Bedeutung. Wofür sollte ich sonst leben?

Haben Sie einen Glücks- oder Wohlfühlplatz?

Nicht nur einen, viele. Das sind Plätze, die mir vertraut sind, aber mich immer wieder überraschen.

Was sind Ihre wichtigsten Werte?

Aufrichtigkeit, eine wertschätzende Zuwendung. Und Freude am Leben.

Was bereitet Ihnen die größte Freude, wenn Sie an die Menschen, die Gesellschaft und die Zukunft denken?

Die Tatsache, dass es weniger Hunger in der Welt gibt – auch wenn das auf den ersten Blick nicht so ausschaut. Es gibt auch weniger Streit und Krieg. Mit etwas gutem Willen könnte das so weitergehen.

Alfred Komarek

Was bereitet Ihnen Sorgen, wenn Sie an die Gesellschaft der Zukunft denken?

Die zunehmende Unfähigkeit, intensiv zu erfahren und zu erleben. Dieses Defizit führt zum bedenkenlosen Konsum von Surrogaten in zunehmender Dosis. Das damit verbundene Nebeneinander und Miteinander, die Empfänglichkeit für simple Phrasen und Parolen. Das bereitet mir Sorgen.

Was wäre Ihr größter Traum?

Dass die Weltreligionen zueinander finden.

Wenn Sie jetzt an etwas Schönes denken, was wäre das?

Das Zusammensein mit einem Menschen, der mir lieb und wichtig ist.

Was bedeutet f Freude ür Sie?

Tief, sinnlich und gedankenreich zu erleben.

Wovor haben Sie Angst?

Vor eitler Dummheit und vor Bosheit.

Womit sind Sie zufrieden?

Mit meinem Leben.

Wie lautet Ihr Lebensmotto?

Ein Motto greift mir zu kurz.

BIOGRAFIE

Alfred Komarek, geboren am 5. Oktober 1945 in Bad Aussee, ist ein österreichischer Schriftsteller.

»Glück ist etwas Undefinierbares«

Freude kann man in jeder Lebenslage finden, sagte Erich Lessing. Der Fotograf fand es im Garten sitzend, wo er den Blumen beim Wachsen zusehen konnte. Oder bei einem guten Gespräch. Dabei war für ihn ein Weg zum Glück auch der, sich selbst nicht zu wichtig zu nehmen.

In welchen Momenten sind Sie glücklich?

Ich bin dann glücklich, wenn ich ein positives Erlebnis habe. Das kann alles Mögliche sein. Das kann ein schöner Satz in einem Buch sein, das kann ein schönes Gemälde sein. Ein Kunstwerk oder auch, wenn ich mit Menschen eine gute Konversation habe. Das Glücksgefühl ist eine sehr persönliche Sache. Und man muss auch bereit sein, Glück zu empfinden. Ich lasse mein Glücksgefühl einfach zu.

Was bedeutet Glück für Sie?

Glück ist etwas Undefinierbares.

Was ist Ihr persönlicher Glücks- oder Wohlfühlplatz?

Der ist bei mir zuhause. Wenn ich im Garten sitze und meine Bäume ansehe. Ich fühle mich überall dort wohl, wo angenehme Menschen um mich herum sind.

Plagen Sie Ängste?

Nein, im Moment nicht. Angst ist da, um bekämpft zu werden. Aber selbstverständlich habe ich auch ganz normale Ängste, ob alle um mich herum gesund sind, ob alles funktioniert. Ob die Galerie gut funktioniert. Manchmal beschleicht mich auch Unruhe. Aber dann gehe ich in den Garten, zu meinen Blumen. Dort bin ich gerne. Ich weiß nicht, wie sie heißen, aber sie gefallen mir. Sie wachsen.

Erich Lessing

Was beinhaltet Ihr persönlicher Wertekatalog?

Zufriedenheit zu erreichen, das Leben genutzt und ausgenutzt zu haben. Das Leben mit Genuss zu füllen.

Was macht Ihnen Sorgen, wenn Sie an die Gesellschaft der Zukunft denken?

Die Demografie. Es wird zukünftig nicht mehr möglich sein, jedem einzelnen jungen Menschen einen Arbeitsplatz zu verschaffen. Aber auch eine Einschränkung der Demografie, wie das in China gemacht wurde, bringt nichts. Kriege, um neue Arbeitsplätze zu schaffen, können sowieso nicht das Ziel sein. Persönliche Sorgen habe ich keine, nur die Gesundheit meiner Lieben, das macht mir manchmal Sorgen.

Und was macht Ihnen die größte Freude, wenn Sie an die Menschen und die Gesellschaft denken?

Zu sehen, wenn andere Menschen glücklich und zufrieden sind.

Haben Sie ein Lebensmotto?

Ja. „Zum Sehen geboren und zum Schauen bestellt." Goethe hat immer allumfassende Sachen gesagt. Dieser Satz prägt mich schon mein ganzes Leben.

Wie stehen Sie zum Thema Freude?

Man kann aus fast jeder Lebenslage Freude herausholen. Aber man kann im Gegenzug auch jede Lebenslage und jeden Moment so anschauen, dass es keine Challenge, sondern ganz einfach eine Last ist. Dann wird man damit auch keine Freude haben. Wenn Sie jedes Problem mit dem Ansatz verfolgen „das werden wir schon lösen", oder „das wird schon gehen", dann ist es gut. Wenn die Freunde sterben, das ist nicht schön. Aber so ist der Lauf des Lebens. Das ist normal. Es gibt ein altes jüdisches Sprichwort, das heißt: „Auch das ist zum Guten." An das kann man sich schon sehr halten. Man muss im Leben den Teil finden, der sagt: Okay, das geht schon. Man kann aus allen Dingen des Lebens das Beste herausholen. Ich bin ein positiver Mensch. Ich mag es nicht gerne, wenn Menschen jammern. Ich kenne Stress nicht, ich kenne nur Zwang. Statt „muss" sollte man besser „sollte" sagen. Im Alltag sollte man Probleme einfach aussprechen, die Welt stürzt nicht ein, wenn etwas nicht passiert. Zentral ist auch, dass man sich selber nicht so wichtig nimmt. Ich muss nicht überall dabei sein. Die Welt steht auch ohne mich.

BIOGRAFIE

Erich Lessing, geboren am 13. Juli 1923 in Wien, gilt als einer der bedeutendsten Fotografen Österreichs. Er erlebte als Fotograf die Veränderungen im Bereich der Fotografie von analoger Schwarz-weiß-Fotografie bis hin zur digitalen Technologie. Er starb im August 2018.

»Ich möchte mein Himmelsziel erreichen«

Geld oder ein dickes Sparkonto hat für sie keinen großen Wert, sagt Renate Maier. Die professionelle Gstanzlsängerin verspürt Glück immer dann, wenn sie auf der Bühne steht. Und bei ihrer Familie.

Was fällt Ihnen spontan ein, wenn Sie an Glück denken?

Mein größtes Glück ist meine Familie.

Welche Bedeutung hat Glück für Sie?

Glück bedeutet mir sehr viel. Ich bin glücklich, wenn ich morgens wach werde und meine Familie gesund ist. Wenn es unserer Landwirtschaft und den Tieren gut geht. Mein Glauben ist unerschütterlich. Mein Glauben und das Gstanzlsingen machen mich sehr glücklich.

Habe Sie einen persönlichen Glücks- oder Wohlfühlplatz?

Mein Wohlfühlplatz ist die Sommerbank draußen bei uns auf dem Hof – aber nur in der Nacht. Ich habe hier mein eigenes Himmelstheater und kann wunderbar Flugzeuge, Sterne und die vielen Sternschnuppen beobachten. Letztes Jahr im August habe ich fast 50 Sternschnuppen gesehen. Besonders die farbigen Sternschnuppen – orangefarbene und grüne – sind wirklich aufregend. Und bei jeder Sternschnuppe wünsche ich mir etwas.

Was sind Ihre wichtigsten Werte?

Für mich hat Geld oder ein dickes Sparkonto keinen großen Wert. Mein wichtigster

Renate Maier

Wert: Wenn ich mein Leben vollendet habe, egal ob mit 50, 60 oder 70 Jahren, dann soll mir der Himmel offenstehen. Ich möchte mein Himmelsziel erreichen.

Welche Sorgen haben Sie, wenn Sie an die Menschen, die Gesellschaft und die Zukunft denken?

Sorgen macht mir die große Glaubenslosigkeit unserer Gesellschaft. Und der wahnsinnige, übertriebene Energieverbrauch. Wir wiegen uns in einer Sicherheit, die in Wahrheit keine ist. Das kann morgen alles ganz anders aussehen. Ich verspüre hier eine große Unsicherheit. Sorgen macht mir auch, dass Politiker von Konzernen gesteuert werden. Lobbyismus pur. Dieser Typ von Politiker lässt sich nur benutzen, zum Teil auch in seinem eigenen Interesse. Das ist eine gefährliche Entwicklung in der Demokratie.

Was bereitet Ihnen die größte Freude, wenn Sie an die Menschen, die Gesellschaft und die Zukunft denken?

Dass es den Menschen gut geht und dass sie sich etwas leisten können. Menschen, die hart und viel arbeiten, können heute etwas erreichen und sich auch etwas leisten. Konsum ist aber auch ein zweischneidiges Schwert. Ich frage mich, wo die Grenze ist.

Was wäre Ihr größter Traum?

Mein Lebenshimmel ist mein Traum. Aber auch, jedes Wochenende von Januar bis Dezember in vollen Hallen aufzutreten, also Erfolg auf der gesamten Bandbreite zu haben. Ich möchte so viel Kapital erarbeiten, dass ich unseren Hof modernisieren und auf Selbstversorgung umstellen kann. Wir haben unser eigenes Wasser – einen Brunnen –, und wir haben unsere Tiere – unsere Nahrung. Ich möchte autark leben. Ich möchte als Selbstversorger so viel Nahrung erwirtschaften, dass ich Hungernden, die an meine Türe klopfen, eine Schüssel Suppe geben kann.

Ich habe die Kinderbekleidung meiner Kinder aufgehoben. Ich habe eine Vision: Mütter mit ihren Kindern kommen zu mir und ich helfe ihnen, indem ich ihnen diese Kleider gebe. Das beruhigt mein Gewissen.

Wie lautet Ihr Lebensmotto?

Fröhlich sein und sich nichts scheißen.

BIOGRAFIE

Renate Maier, geboren am 3. Mai 1969 in Eggenfelden, ist professionelle Gstanzlsängerin, Hochzeitsladerin und Moderatorin.

»Glück ist für mich Freiheit«

Heute bedeutet für ihn Glück, dass die Familien in seinem Land wieder ohne Angst zusammenleben können, sagt Chum Mey. Der Kambodschaner ist einer von sieben Menschen, die das berüchtigte Foltergefängnis S-21 der Roten Khmer überlebt haben. 14.000 Menschen waren inhaftiert.

Was bedeutet Glück für Sie?

Glück war, dass die Soldaten mich befreit haben. Freiheit bedeutet für mich Glück.

Und was bedeutet Glück für Sie heute, in diesem Moment?

Heute bedeutet Glück für mich auch, dass die Familien in Kambodscha wieder ohne Angst zusammenleben können. Nicht wie damals, während des Pol-Pot-Regimes. Damals waren die Kinder von ihren Eltern getrennt. Das war furchtbar. Glück ist für mich auch, dass ich heute essen kann, was ich will. Damals, im Gefängnis, bekam ich nur Wasser. Wasser und ein paar Reiskörner.

Welche Bedeutung hat Freude für Sie?

Freude bedeutet für mich, dass keine Kampfbomber mehr über unseren Köpfen fliegen. Dass ich keine B52-Bomber mehr höre. Darüber freue ich mich.

Haben Sie einen Wohlfühlplatz in Ihrer Wohnung?

Ich habe in meinem Wohnzimmer nur ein Bett, nicht mehr.

Chum Mey

Was ist das Wichtigste in Ihrem Leben?

Frei leben. Ohne Begrenzung. Essen, wann und was ich möchte.

Wenn Sie an die Menschen, die Gesellschaft und die Zukunft denken, welche Sorgen haben Sie?

Manchmal macht es mir Sorge, dass sich Kambodscha in den letzten Jahren so rasch entwickelt. Aber wir werden sehen.

BIOGRAFIE

Chum Mey, geboren um 1930 in Kambodscha, ist einer von sieben Überlebenden des Foltergefängnisses S-21 in Phnom Penh, in dem er während des Genozids in Kambodscha unter dem Regime der Roten Khmer inhaftiert war.

»Ich habe nie Glück haben wollen«

Die Idee, nur einen einzigen großen Traum im Leben zu haben, findet er unbefriedigend, sagt George Moringer. Der österreichische Designer versucht, so gut wie möglich im Augenblick zu leben – und sich so wenig wie möglich auf Glück verlassen zu müssen.

Welche Bedeutung hat Glück für Sie?

Glück hat keine Bedeutung für mich. Wenn man etwas nachrennt, das man nicht steuern kann, dann ist man in einem esoterischen Dilemma und spielt mit Begriffen wie Karma. Ich glaube schon, dass es Situationen gibt, bei denen man Glück mit etwas verwechselt, das steuerbar ist. Wenn ich über die Straße gehe, dann bin ich konzentriert und beobachte alle Teilnehmer so gut es geht. Geschwindigkeiten, Fahrverhalten und so weiter. Das gibt einem eine erhöhte Wahrscheinlichkeit, gut über die Straße zu kommen. Menschen, die weniger im Augenblick leben, laufen Gefahr mehr Glück haben zu müssen.

Was fällt Ihnen spontan ein, wenn Sie an Glück denken?

Ich habe nie an Glück geglaubt und dachte in meiner jugendlichen Ignoranz, dass Glück dem Fleißigen „passiert". Dann traf ich Abraham. Abraham war ein Soldat der französischen Legion. Er und sein Bruder waren auf einem Einsatz in den Golanhöhen, als sie unter Beschuss kamen. Abraham und sein Bruder waren einen halben Meter voneinander entfernt, als eine Kugel den Bruder tötete. Nur ein halber Meter zwischen Leben und Tod. Das hat nichts mit fleißig sein zu

tun, hat Abraham gesagt, sondern mit Glück und Unglück. Abraham heißt jetzt Abraham Golan.

Haben Sie einen Glücks- oder Wohlfühlplatz?

Nein. So ein Mensch bin ich nicht. Ich habe keinen Ort, wo ich hingehe, um Glück zu haben.

Was sind Ihre wichtigsten Werte?

Verlässlichkeit, Gerechtigkeit und Respekt, wobei Gerechtigkeit wohl die stärkste Komponente in meinem Leben ausmacht. Das kommt aus meiner Kindheit. Ich bin in Südafrika aufgewachsen. Als Apartheid-Kind hat man jeden Tag Ungerechtigkeit gesehen, war zum Teil Element der Ungerechtigkeit. Das hat mich tief geprägt.

Was macht Ihnen die größten Sorgen, wenn Sie an die Menschen, die Gesellschaft und an die Zukunft denken?

Dass der Mittelstand in den letzten Jahren in den entwickelten Ländern immer weiter verdrängt wurde. Mittelstand war ursprünglich der Versuch, fair zu sein. Heute gibt es nur noch reiche und arme Menschen. Das ist nicht fair und davor habe ich für unsere Kinder Angst. In der Geschichte gab es immer wieder einen Reset, wenn die Reichen zu reich wurden. Das kommt auch wieder. Sehr bald. Und es wird nicht schön werden.

Was bereitet Ihnen die größte Freude, wenn Sie an die Menschen, die Gesellschaft und an die Zukunft denken?

Fortschritt ist schön und faszinierend. Wenn ich mir die Entwicklungen ansehe, beispielsweise in der Medizin und den technologischen Fortschritt in den Computerwissenschaften, dann sehe ich im Grunde eine bessere Welt für den Menschen. Vor allem sehe ich ein längeres, gesünderes Leben für die Menschen. Natürlich ist das alles aber mit Vorsicht zu genießen. Mit jedem Schritt in Richtung einer effizienteren Gesellschaft kommen auch Gefahren. Diesen zu begegnen, wird die größte Aufgabe für die Gesellschaft sein.

Was wäre Ihr größter Traum?

Ich finde, ich lebe meinen Traum. Jeden Tag. Wenn das nicht so wäre, müsste ich etwas ändern. Ich finde die Idee des einen großen Traums unbefriedigend. Was ist, wenn ich ihn erreiche – vielleicht morgen? Was passiert danach? Was ist, wenn ich ihn nie erreiche? Bin ich dann unglücklich?

Wenn Sie jetzt an etwas Schönes denken, was wäre es?

Ein Spaziergang. Ich habe mir angewöhnt, jeden Tag 10.000 Schritte zu gehen. Das ist die Antwort. Darauf freue ich mich schon jetzt.

Was bedeutet Freude für Sie?

Freude ist, wenn man jeden Tag das Gefühl hat, seinen Traum zu leben. Natürlich muss man hier und dort schrauben und eichen. Aber das bereitet mir Freude, wenn ich weiß, dass ich auf dem richtigen Weg bin.

Wovor haben Sie Angst?

Ich habe keine Angst.

Womit sind Sie zufrieden?

Wenn ich mein Leben betrachte, dann hat es den Anschein, dass ich mit wenig sehr zufrieden bin. Wenn ich lernen kann, habe ich das Gefühl weiterzukommen. Materielle Dinge machen mich nicht mehr oder weniger zufrieden. Das habe ich gelernt. als ich mir vor Jahren einen Range Rover gekauft habe. Der war 6-mal so teuer wie alle anderen Autos, glücklicher war ich deshalb aber nicht. Schneller fahren konnte ich auch nicht.

Wie lautet Ihr Lebensmotto?

Nicht stehen bleiben.

BIOGRAFIE

George Moringer, geboren am 29. Oktober 1972 in Kapstadt, ist ein österreichischer Designer. Er lebt in Los Angeles. Die Designs seines Labels „George Loves" werden von internationalen Stars getragen.

»Mann kann sich nicht zwingen, glücklich zu sein«

Glück hat für ihn nichts mit materiellen Dingen zu tun, sagt Wolfgang Moser. Der Profi-Zauberer ist überzeugt davon, dass die Menschen glücklicher wären, würden sie die positiven Dinge, die ihnen das Leben schenkt, mehr wahr- und annehmen.

Was fällt Ihnen spontan ein, wenn Sie an Glück denken?

Glück ist für mich zu wissen, was man möchte, und das dann einfach tun zu können.

Welche Bedeutung hat Glück in Ihrem Leben?

Glück hat für mich eine große Bedeutung, wobei Glück für mich nichts mit materiellen Dingen zu tun hat. Ich habe keinen besonderen Bezug zu Geld, dennoch bin ich glücklich.

Was sind Ihre wichtigsten Werte?

Die Moral, aber nicht nach religiösen und christlichen Aspekten. Und Ehrlichkeit.

Welche Sorgen haben Sie, wenn Sie an die Menschen, die Gesellschaft und die Zukunft denken?

Ich mache mir Sorgen, dass Fanatismus und überholte Dogmen wieder mehr Raum einnehmen. Das sind Dinge, die der Weiterentwicklung der Menschheit im Wege stehen, die gegen die Vernunft sind.

Wolfgang Moser

Was bereitet Ihnen Freude, wenn Sie an die Menschen, die Gesellschaft und die Zukunft denken?

Schön ist, wenn man sich untereinander austauschen kann. Wenn man Gedanken mit gleichgesinnten Menschen teilen kann. Ich hoffe, dass das auch in Zukunft so bleiben wird.

Wenn Sie jetzt an etwas Schönes denken, was wäre das?

Ein schöner Abend mit Freunden.

Haben Sie einen Glücks- oder Wohlfühlplatz?

Ja, zuhause sind es mein Arbeitszimmer und meine Bibliothek.

Warum haben Sie sich für diese Plätze entschieden?

Weil ich in einer glücklichen Position bin. Ich habe das, was ich am liebsten mache, zu meinem Beruf gemacht. Deshalb ist mein Arbeitszimmer mein Glücks- und Wohlfühlplatz. Ich liebe meine Arbeit.

Welche Bedeutung hat Freude für Sie?

Das ist sehr schwierig zu beantworten. Freude bedeutet, etwas genießen zu können ohne sich Gedanken über etwas Negatives machen zu müssen.

Wovor haben Sie Angst?

Ich weiß es nicht genau. Wobei: Ich habe Höhenangst. Auf dem Sessel zu stehen, das geht. Fliegen geht auch. Sessellift fahren ist komisch. Als Kind war mir das alles egal. Aber je älter ich werde, desto ausgeprägter wird meine Angst vor der Höhe.

Haben Sie ein Lebensmotto?

Ein richtiges Motto hab ich nicht. Außer vielleicht: immer der Nase lang. Ja, ich glaube, das trifft zu.

Was fällt Ihnen noch zu Glück ein?

Ich finde, Glück hängt sehr viel von der Lebenseinstellung eines Menschen ab. Die

Leute wären glücklicher, wenn Sie die positiven Sachen annehmen würden. Im Umkehrschluss bedeutet das für mich, wenn die Menschen nur das Negative sehen, macht das krank. Man kann sich nicht selbst zwingen, glücklich zu sein. Auf Krampf ist man nicht authentisch. Ich merke es, ob jemand glücklich oder unglücklich ist – das merkt man alleine beim Zuhören. Zauberei kann dazu beitragen, dass man Dinge von einer anderen Seite betrachtet. Ich habe es sehr gut mit meinem Job erwischt. Ich habe keinen Chef und ich mache Menschen Freude. Ich bekomme für meine Tätigkeit Applaus und Geld. Deshalb betrachte ich mich selbst als privilegiert.

BIOGRAFIE

Wolfgang Moser, geboren am 8. Oktober 1977 in Amstetten, ist ein österreichischer Zauberer, Vizeweltmeister und mehrfacher österreichischer Staatsmeister der Magie.

»Es sind die Kleinigkeiten, die man nicht übersehen darf«

Glück ist für sie, wenn sich Kreise schließen, sagt Adele Neuhauser. Und noch viel mehr. Die österreichische Charakterdarstellerin zeichnet ein einfühlsames Bild von Glück und Freude – zerbrechlich und kraftvoll zugleich.

Ganz spontan: Was fällt Ihnen ein, wenn Sie an Glück denken?

Ich glaube, es sind oft einfach die Kleinigkeiten, die Glück ausmachen. Die Kleinigkeiten, die man nicht übersehen darf.

Was macht Sie glücklich?

Es gibt so viele Momente, in denen ich Glück empfinde. Ich liebe es zum Beispiel, wenn sich Kreise schließen. Ein kleines Beispiel: Ich steige ins Auto, schalte Musik ein und habe ein Ziel. Und das Musikstück geht sich genau aus, wenn ich in den Parkplatz hineinfahre. Da denk ich mir dann: Oh, ist das schön! Oder wenn ich mit Freunden zusammen bin. Wir lachen und essen und trinken und tanzen. Man kann sein, wie man halt ist. Oder wenn ich nach längerer Zeit meinen Sohn wiedersehe, wir reden und wie er mir dann zuhört, mir in die Augen schaut. Und mir geradeaus antwortet, mich vielleicht in dem einen oder anderen bestärkt. Das ist für mich jedes Mal ein großer, glücklicher Moment. Weil ich mir denke: Der Mann hat ein Herz. Das ist echt toll. Da bin ich glücklich. Vor gar nicht allzu langer Zeit hatte ich ein anderes, sehr elementares Erlebnis. Mein Vater hat sich vor seinem Tod gewünscht, in Griechenland ausgestreut zu werden. Ins Meer. Ich habe ihm diesen Wunsch

Adele Neuhauser

gemeinsam mit meinem Bruder erfüllt. Es ging ein wahnsinniger Sturm, aber es hat gut geklappt. Ich bin dann noch etwas länger auf dieser Insel geblieben, und am nächsten Tag war die Insel dann total im Nebel. Total. Man hat nicht bis ans andere Ufer sehen können. Selbst die Einheimischen haben uns danach gesagt, dass das etwas ganz Seltenes war. Der Nebel hat sich dann angefangen aufzulösen und ist wie die Asche meines Vaters langsam weggezogen. Da hat sich für mich ein Kreis geschlossen. Ein schaurig-glücklicher Moment. Solche Sachen machen mich glücklich.

Welche Werte sind Ihnen persönlich am wichtigsten?

Menschlichkeit. Freiheit. Meinungsfreiheit. Dass ich mein Leben so leben kann, wie ich es mir wünsche. Aber das Wichtigste ist mir der Umgang mit Anderen. Ich finde, der Mensch ist ein faszinierendes, komplexes Wesen. Einer der wichtigsten Werte ist für mich auch die Liebe. Ehrlichkeit. Wahrhaftigkeit. Wenn ich von jemandem verlange, dass er mit mir geht, darf ich ihn nicht belügen. Aber schön ist auch, wenn man vergeben kann. Vergeben, aber nicht vergessen.

Wenn Sie an die Zukunft der Menschen und der Gesellschaft denken, welche Sorgen haben Sie?

Meine große Sorge ist, dass die Gewalt immer mehr zunehmen wird. Dass die Menschlichkeit auf der Strecke bleibt. Das ist keine Zukunftsvision, da sind wir leider mittendrin. Dieses Mitfühlen mit dem Anderen, das Sich-Hineinfühlen in den Anderen, diese Dinge sind uns immer mehr abhandengekommen. Ich finde, das ist eine sehr dramatische Entwicklung. Die Systeme fallen zusammen, was grundsätzlich ja nicht schlecht sein muss. Aber wir haben keine Alternative. Noch nicht. Wer da jetzt auf der Strecke bleibt, das sind die sozial Schwachgestellten. Die Mittelschicht wird immer stärker, immer rücksichtsloser. Die Leute haben immer mehr Angst, etwas zu verlieren, anstatt zu teilen. Wieviel wollen wir denn noch horten, was wollen wir mit dem Geld machen? Teilen tut gut. Was auf der Strecke bleibt, ist die Empathie. Das ist das, was ich am meisten beobachte. Ich stelle auch bei gut situierten Menschen oft fest, dass sie Schwierigkeiten haben mit den einfachsten Dingen. Zuhören zum Beispiel. Ich spüre, dass da ein großes, großes Manko besteht. Unsere Lebenszeit ist begrenzt, irgendwann gehen wir. Und was hinterlassen wir dann?

Wenn Sie an die Menschen und die Gesellschaft in der Zukunft denken, worauf freuen Sie sich?

Ich bin immer begeistert von Menschen, die die Initiative ergreifen, die den Mund aufmachen. Ich glaube, man muss den Mund aufmachen. Aber immer mit Respekt, das ist mir ganz wichtig. Wir haben nicht alle die Wahrheit gepachtet, aber ich glaube, wenn wir miteinander reden, die Ansichten anderer anhören und reflektieren und uns vielleicht ein Scheibchen davon abschneiden, das ist gut. Und ich habe eine große Begeisterung für viele Jugendliche. Da wächst schon eine tolle Generation heran, auch mit ihren Schwierigkeiten. Die machen bei vielem einfach nicht mehr mit. Ich lerne sehr viele gute junge Leute kennen und bin begeistert. Sie haben oftmals gute Ansichten. Sie machen sich nicht fertig.

Über welche Dinge können Sie von Herzen lachen?

Da gibt es viele. Sehr viele. Es gab eine Phase, da hat mich mein Exmann schon zum Lachen gebracht, wenn er nur „Muh“ gesagt hat. Ich finde so Blödeleien herrlich. Auch mit meinem Kollegen Harald Krassnitzer kann ich von Herzen lachen. Das ist wunderbar.

Sind Sie jetzt glücklich?

Ich bin zufrieden. Aber obwohl, ja, eigentlich schon. Ich bin glücklich.

BIOGRAFIE

Adele Neuhauser, geboren am 17. Januar 1959 in Athen, ist eine österreichische Schauspielerin. Sie startete ihre Karriere in Deutschland und ist seit 2010 als Tatort-Kommissarin bekannt. Als Bibi Fellner ermittelt sie an der Seite von Harald Krassnitzer in Wien.

»Angst habe ich nur davor, meine Angst zu verlieren«

Eigentlich kann man nicht oft genug glücklich sein, sagt Ariel Ohev Ami. Der größte Traum des ehemaligen Sicherheitsoffiziers des israelischen Geheimdienstes ist, dass sämtliches Geld, das gerade für Krieg und Tod ausgegeben wird, in Gutes investiert wird.

Was fällt Ihnen spontan ein, wenn Sie an Glück denken?

Dass man nicht oft genug glücklich sein kann.

Welche Bedeutung hat Glück für Sie?

Glück hat für mich eine enorm große Bedeutung. Ich verstehe mich als sehr glücklich und bin sehr dankbar, dass ich Glück spüren kann.

Haben Sie einen Glücks- oder Wohlfühlplatz?

Jeder Platz, an dem Natur, Liebe und die Menschen, die ich liebe, zusammenkommen.

Was sind Ihre wichtigsten Werte?

Achtsamkeit, Respekt und Toleranz.

Was bereitet Ihnen die größte Freude, wenn Sie an die Menschen, die Gesellschaft und die Zukunft denken?

Der Wissenshunger der Menschen.

Ariel Ohev-Ami

Was bereitet Ihnen Sorgen, wenn Sie an die Gesellschaft der Zukunft denken?

Das unglaublich kurze Erinnerungsvermögen der Menschheit. Wir scheinen aus der Vergangenheit nichts zu lernen. Oder alles sofort wieder zu vergessen.

Was wäre Ihr größter Traum?

Dass sämtliches Geld, das gerade für Krieg und Tod ausgegeben wird, in Gutes investiert wird.

Wenn Sie jetzt an etwas Schönes denken, was wäre das?

Ich stehe an der Küste und schaue auf die unendliche Weite des Ozeans.

Was bedeutet Freude für Sie?

Die Freiheit, Dinge zu tun, die ich gerne mache.

Wovor haben Sie Angst?

Ich habe Angst davor, meine Angst zu verlieren.

Womit sind Sie zufrieden?

Mit dem von mir Erreichten.

Wie lautet Ihr Lebensmotto?

There is nothing you can't do. Es gibt nichts, was ich nicht tun kann.

Was möchten Sie mir noch zum Thema Glück sagen?

Glück liegt in jedem selbst; Menschen müssen nicht danach jagen.

BIOGRAFIE

Ariel Ohev-Ami, geboren 1964 in Jerusalem, ist General Manager des Sicherheitsberatungsunternehmens AOA Security GmbH. Er war 20 Jahre lang Sicherheitsoffizier des israelischen Geheimdienstes, Offizier der Antiterror-Spezialeinheit Yamam und viele Jahre Sicherheitsoffizier im israelischen Außenministerium.

»Glück kann man spüren und sehen«

Sein persönlicher „Lebensstatus“ trägt viel zu seinem Wohlbefinden bei, sagt Wilhelm Pilz. Der Salzburger Unternehmer ist auch der Meinung, das Gesellschaftssystem müsse sich neu erfinden.

Was bedeutet Glück für Sie?

Glück bedeutet für mich Wohlbefinden. Wir lächeln, wenn wir uns wohl fühlen, und das bekommen wir von unseren Mitmenschen auch zurück. Wer glücklich ist, zeigt das bewusst oder unbewusst. Ich bin glücklich, wenn ich mit meiner Familie zusammen bin. Wenn ich in Portugal am Meer sitze, die Möwen beobachte und den Wellen lausche oder zuhause den wunderbaren Blick über die Stadt Salzburg genieße. Einen Beitrag zu meinem Wohlbefinden leistet auch der „Lebensstatus“, den ich alle zehn Jahre verfasse. Darin lege ich meine Wünsche und Ziele fest, die ich erreichen möchte. Außerdem schreibe ich auf, was ich schon alles erreicht habe. Seit über 30 Jahren führe ich ein Tagebuch. So bin ich mit mir immer im Reinen.

Was bereitet Ihnen Freude, wenn Sie an die Menschen und die Gesellschaft der Zukunft denken?

Freude ist ein wichtiger Bestandteil in meinem Leben. Ich erfreue mich zum Beispiel an einer noch intakten Natur. Und es freut mich auch, dass die junge Generation strebsam, zielorientiert und erfolgshungrig ist. Diese Generation will lernen, will sich weiterentwickeln und etwas erreichen. Das imponiert mir.

Welche Sorgen haben Sie, wenn Sie an die Zukunft unserer Gesellschaft denken?

Wir leben momentan in einem erstarrten System. Es wird Zeit, etwas zu ändern.

Wilhelm Pilz

Ich habe eine Theorie: Wenn man den Staat auf seine Kernaufgaben reduziert – was umfangreich diskutiert werden müsste – und damit den Staatsanteil am BIP halbiert, würde eine große Summe Geld zur Verfügung stehen. Ich würde allen arbeitslosen Männern und Frauen einen monatlichen Betrag von zum Beispiel 1.000 Euro zur Verfügung stellen. Egal, ob diese Personen nicht arbeiten können oder nicht arbeiten wollen. Ich würde dieser Gruppe erlauben, zusätzlich selbständig steuerfrei zu arbeiten. Beispielsweise im Dienstleistungssektor, also im Bereich Reinigungsarbeiten,

Pflege, Erziehung und so weiter. Das würde auch die Schwarzarbeiten legalisieren. Man bekommt eine Steuernummer und meldet einfach die Umsätze, die dann in das BIP einfließen. Zu überlegen wäre auch noch, ob man nicht die Haushaltsarbeiten mit einbezieht. Durch das hier dargelegte System kann jeder entscheiden, ob er mit 1.000 Euro monatlich zufrieden ist oder zusätzlich noch arbeiten möchte. Die Menschen würden freier und unabhängiger leben, und es gäbe weniger Neid in unserer Gesellschaft.

Was wünschen Sie sich?

Mit meiner derzeitigen Kondition und Lebenseinstellung möchte ich 100 Jahre alt werden. So wie der Protagonist aus dem Buch *Der Hundertjährige, der aus dem Fenster stieg und verschwand*. Das würde mir gefallen.

BIOGRAFIE

Wilhelm Pilz, geboren am 3. August 1942, ist Unternehmer und war Gründer und Geschäftsführer des österreichischen Gewürzherstellers Raps in Obertrum bei Salzburg. Heute ist der leidenschaftliche Laienschauspieler Privatier.

»Man sollte nie aufhören, an das Glück zu glauben«

Glück ist für sie, wenn andere an sie denken, sagt Manuela Polaszczyk. Die Deutsche, die von ihrem Vater an die Stasi verraten wurde, ist der Meinung, dass Glück in den kleinen Dingen liegt, und konnte selbst während ihrer Gefangenschaft im DDR-Frauengefängnis Hoheneck kurze Momente des Glücks erleben.

Was bedeutet Glück für Sie?

Glück liegt in den kleinen Dingen, in den kurzen Momenten. In meiner Zeit im Frauengefängnis Hoheneck schenkte mir eine andere Insassin zum Beispiel zu meinem 21. Geburtstag eine Rose. Die sah aus wie echt. Und ich dachte nur: Wo hat die jetzt eine Rose her? Dann habe ich die Rose angefasst und gemerkt: die ist aus Stoffresten. Ja klar, wo sollte die im Gefängnis auch eine echte Rose herhaben. Aber gefreut hab ich mich. Sehr. Einmal bekamen wir zu Weihnachten ein Stück Stollen. Das war damals einfach unfassbar. So schlimm diese Zeit im Gefängnis war – es gab trotzdem kleine Glücksmomente.

Was ist Glück für Sie jetzt, in diesem Moment?

Glück ist für mich, wenn ich morgens aufstehen und laufen kann, trotz Multipler Sklerose. Glück ist für mich, wenn andere Menschen an mich denken. Glück ist für mich Harmonie. Es sind die kleinen Dinge. Die großen Dinge erfüllen sich meist sowieso nicht. Ich bin zufrieden mit dem, was ich habe. Wenn sich etwas erfüllt, was ich mir wünsche, macht mich das glücklich.

Manuela Polaszczyk

Hatten Sie einen Wohlfühlplatz während Ihrer Zeit im Gefängnis?

Ja, das Klo. Tatsächlich, die Toilette. Die selbst war furchtbar, aber es war der einzige Ort, wo ich mit meinen Gedanken kurz allein sein konnte. Es gab ein kleines Fenster, da habe ich dann eine gefühlte Ewigkeit rausgesehen. Hoheneck liegt ja in den Bergen, und wenn ich beim Fenster hinaussah, ging es den Berg runter. Man hat Wiesen und Wald gesehen, ein paar Häuser. Dann habe ich mir vorgestellt, ich wäre da draußen. Man stellt sich alles vor – das ganze Leben da draußen. Selbst wenn eine Wache nach einem ruft, hört man das dann gar nicht. Erst, wenn man angefasst wird. Aber das war es wert.

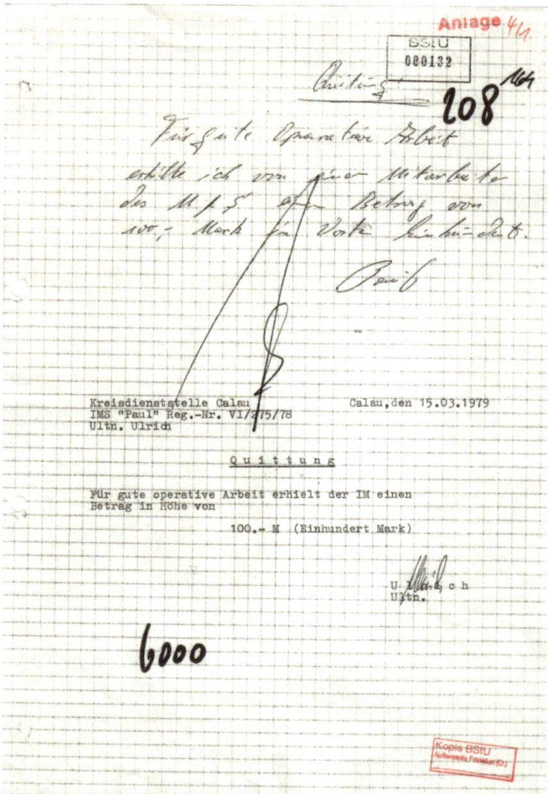

Anlage

BStU 000132

208

Kreisdienststelle Calau
IMS "Paul" Reg.-Nr. VI/275/78
Ultn. Ulrich

Calau, den 15.03.1979

Quittung

Für gute operative Arbeit erhielt der IM einen Betrag in Höhe von

100.- M (Einhundert Mark)

Ulrich
Ultn.

6000

Kopie BStU

Dieses Honorar erhielt Manuela Polaszczyks Vater für das Ausspionieren der eigenen Tochter, was zu ihrer Inhaftierung führte.

Was ist heute ihr Wohlfühlplatz?

Draußen am Rhein. Immer draußen am Wasser, weil Wasser fließt. Es steht nicht still. Alles was fließt, geht weiter. Das ist ganz wichtig in meinem Leben.

Was sind Ihre wichtigsten Werte?

Vertrauen. Ehrlichkeit.

Was bedeutet für Sie Freude?

Unverhofftes bereitet mir Freude. Der Anruf meiner Freundin Christine vorhin. Da denkt jemand an mich. Die ist 700 Kilometer entfernt, aber sie ruft an und fragt, wie es mir geht. Das ist Freude. Wenn mein Leben Sinn hat.

Was bereitet Ihnen Sorgen, wenn Sie an die Menschen, die Gesellschaft und die Zukunft denken?

Frau Merkel will eine neue DDR schaffen. Das macht mir Angst. Weil alles darauf hinausläuft.

Was wünschen Sie sich für die Zukunft?

Ich wünsche mir, dass die Leute sich vertragen. Dass sie in Frieden miteinander auskommen. Dass sie einander mehr zuhören. Das wird ja immer weniger. Bevor ich die Diagnose MS bekommen habe, habe ich einmal in einer Bar gearbeitet. Da habe ich viele Leute gekannt. Heute kommt kaum mehr jemand vorbei, um zu plaudern.

Was wäre Ihr größter Traum?

Einen Mann zu finden, den ich heirate. Aus diesem Haus raus, ein eigenes Haus kaufen. Nach Hawaii fahren. Auf Hawaii heiraten.

Haben Sie ein Lebensmotto?

Genieße jeden Tag – es könnte dein letzter sein. In etwa so. Ich lebe so, dass jeder Tag etwas Schönes haben sollte. Das ich etwas Schönes aus dem Tag machen sollte.

Möchten Sie mir noch etwas zum Thema Glück sagen?

Ja. Man sollte nie aufhören, an Glück zu glauben. Man sollte immer ein bisschen Hoffnung, ein bisschen Freude haben. Die kleinen Dinge des Lebens genießen. Schokolade. Eine gute Flasche Wein. Diese kleinen Dinge sollte man nicht außer Acht lassen.

BIOGRAFIE

Manuela Polaszczyk, geboren 1964 in Sindelfingen, Bundesrepublik Deutschland. Manuela Polaszczyks Familie zog in die DDR, als sie ein halbes Jahr alt war. Ihre spätere Flucht in die Bundesrepublik Deutschland misslang, sie wurde von ihrem Vater an den Staatssicherheitsdienst (Stasi) verraten und kam in das Frauengefängnis Hoheneck.

»Glück multipliziert sich«

Die Menschen sollten mehr tanzen, sagt Caron Nimoy „Sugaray" Rayford. Für den Sänger und Songwriter bedeutet Freude unter anderem, einfach die vorbeiziehenden Wolken zu betrachten.

What comes to mind spontaneously when you think of happiness?

The people in my life and the love that we share.

What is the significance of happiness to you?

Happiness makes the world a better place. The more happiness that I can bring, it will multiply through the people I come in contact with.

Do you have a special place of happiness & energy? Is there any feel-good place?

New Orleans when I am there and whenever I think about it.

Why did you choose that place in particular?

It feels like my soul has always been in New Orleans. No matter what is going on there, I am always happy. I want to share that happiness with others.

What are your most important personal values?

I am a man of my word and making the world a better place.

What are your greatest worries when you think about the future of our society?

When people stop listening to each other divisiveness happens, and people lose empathy. Social media has made people less kind.

Sugaray Rayford

What gives you the greatest pleasure when you think about human beings, our society and our future?

The potential that the generations after us are changing their perceptions of happiness and fulfilment and they think much more globally than we do.

What is your greatest dream?

Musically, I aspire to be like B.B. King.

When I ask you to think of something beautiful – what would that be?

Touching people in the audience at a deeper level through my music. When that happens, people leave the show feeling happy and joyful and carry it forward.

What does joy mean to you?

Lying on a blue tarp in a vineyard and watching the clouds float by.

What is your biggest fear?

That my loved ones are hurting.

What are you satisfied with?

There is always the opportunity for improvement with regards to music.

What is your mantra?

Work hard, play hard, and make change happen.

Would you like to tell me anything about joy and happiness, anything I haven't asked yet?

People should dance more.

BIOGRAFIE

Caron Nimoy „Sugaray" Rayford, geboren am 13. Februar 1969 in Texas. Sugaray ist ein amerikanischer Electric-Blues-Sänger und Songwriter.

»Ich wünsche mir, was ich kriege«

Er ist ein Ohrenmensch; die Sprache – das Reden – ist ihm wichtig, sagt Willi Resetarits. Zum Thema Glück hat der Sänger verschiedene Zugänge. Einer davon ist, mit dem zufrieden zu sein, was man hat – und kein Suderant zu sein.

Was fällt Ihnen spontan ein, wenn Sie an Glück denken?

Ich hab so viel Glück gehabt im Leben, das ist ein Wahnsinn. Das muss jetzt halt nur so bleiben. Und deshalb versuche ich, die Gegenwart zu genießen.

Welche Bedeutung hat Glück für Sie?

Da hab ich verschiedene Zugänge. Einerseits ist Glück für mich, in einem Land wie Österreich geboren worden zu sein. Glück ist in diesem Zusammenhang auch, dass man das schätzen kann. Glück ist für mich, dass ich nicht zu den Nörglern und Suderanten gehöre. Parallel dazu gibt es aber auch die Empathie für die, die weniger Glück gehabt haben im Leben. Ich spüre da eine moralische Verpflichtung: Wenn ich es gut getroffen hab im Leben, dann sollte ich nicht wegschauen, wenn es anderen nicht so gut geht. In diesem Zusammenhang möchte ich ein paar Zeilen von Jura Soyfer sagen, aus dem *Wanderlied der Zeit*: „Es stürmt die Zeit und gibt nicht Rast. Und Müdigkeit hat dich erfasst, du willst die Augen schließen. Und dennoch schließ die Augen nicht! Dem Sturme sieh ins Angesicht! Denn du sollst alles wissen." Man sollte Interesse haben, neugierig bleiben, nicht wegschauen. Das ist wichtig. Wenn man nicht mehr neugierig ist – ich glaub, dann stirbt man bald. Oder man nörgelt noch dreißig Jahre im Schrebergarten und findet alles oasch. Vielleicht geht das auch. Aber zu einem Leben, das man auch Leben nennen darf, gehört für mich

Willi Resetarits

dazu, dass man bis zum letzten Augenblick etwas plant. Dass man ein neues Projekt, ein neues Lied zu schreiben anfängt. Auch wenn man ahnt, dass man vielleicht übermorgen schon abbiegen muss.

Was sind Ihre wichtigsten Werte?

Liebe, Glück, Freundschaft, Wertschätzung für andere, Vertrauen. Ich möchte das zusammenfassen: Bei all dem geht es um Herzensbildung. Herzensbildung, die ich mir selbst aneignen möchte, solange ich lebe. Ich bin da noch unvollkommen, aber man kann ja immer etwas verbessern. Und meine Freunde, die sollten auch dieses Maß an Herzensbildung haben. Ich habe irgendwann einmal in der Mitte meines Lebens gesagt: Ab jetzt keine Arschlöcher mehr. Ich suche mir aus, mit wem ich arbeiten, leben oder meine Freizeit verbringen möchte. Und nehme nicht nur so hin, was mir passiert. Ich glaube auch, dass eine überlebenswichtige Sache die Anerkennung ist. Dass man eine grundlegende Sehnsucht nach Anerkennung hat. Eine Sehnsucht danach, dass man als Mensch gewürdigt wird – so, wie man eben ist.

Was bereitet Ihnen die größte Freude, wenn Sie an die Menschen, die Gesellschaft und die Zukunft denken, und was macht Ihnen Sorgen?

Das größte Glück, die größte Sorge – das gibt es für mich nicht. Ich würde eher sagen, es gibt 29 größte Sorgen und 29 größte Dinge, über oder auf die man sich freut. Und das läuft alles parallel ab. Du kannst die Welt nur begreifen, wenn du das Multifaktorielle begreifst. Die Tatsache, dass ein Phänomen von vielen verschiedenen Quellen gespeist ist. Deshalb hab ich keine größte Sorge, sondern viele unterschiedliche größte Sorgen. Oder, um die Frage zu beantworten: Ich habe viele mittelgroße Freuden und viele mittelgroße Sorgen. Und so ist auch die Welt. Eine Krankheit in der Welt ist dieses Entweder-oder-Denken. Was ist das Schönste, was ist das Schiachste. Was ist das Beste, was ist das Schlechteste. Aber so ist es nicht, so ist die Welt nicht. Meine Ängste sind vielfältig, meine Freuden sind vielfältig. So soll es auch sein.

Haben Sie ein Lebensmotto?

Ich hab eines, das mir gut gefällt. Aber das wäre ohne eine zehnseitige Erläuterung falsch. Deshalb sag ich: Ich wünsche mir, was ich kriege.

Möchten Sie mir noch etwas zum Thema Glück mitgeben?

Ich denke, dass was man unter Glück versteht, sind die Momente. Das sehen ja viele Menschen so. Du kannst nicht dauernd Glück haben, Glück auftürmen. Das geht ja nicht. Um diese Glücksmomente zu haben, geht es auch wieder mal ein Stück bergab. Du musst quasi als Bedingung durch den *selva oscura* von Dante gehen, durch den dunklen Dschungel, damit es wieder bergauf gehen kann. Ich hab das so gut erleben können, wie es uns immer besser ging nach dem Krieg. Schlichtweg deshalb, weil wir einfach nichts hatten. Und alles, was kam, eine Verbesserung war.

Sve mlado i staro
Sve na polji dila
A mene mili otac
Va tudjinu pelja

Tudjina tudjina
Žukla od pelina
Sad mi moraš biti
Moja domovina

Willi Resetarits

BIOGRAFIE

Willi Resetarits, geboren am 21. Dezember 1948 in Stinatz, ist ein österreichischer Sänger und Menschenrechtsaktivist.

»Glück ist in Freiheit leben zu können«

Zufriedenheit bedeutet für ihn, mit sich selbst im Einklang zu sein, sagt Karl Reyer jun. Der Unternehmer empfindet es als großes Glück, in der Gegend leben zu können, in der er zuhause ist – und das machen zu können, was ihm Freude bereitet.

Wenn Sie jetzt an Glück denken, was kommt Ihnen spontan in den Sinn?

Glück ist für mich, in so einer wunderbaren Gegend wie hier leben zu können, in Freiheit leben zu können. Gesund zu sein, von netten Menschen umgeben zu sein. Und das machen zu können, was man gerne tut.

Was bedeutet für Sie Freude?

Freude ist für mich ebenfalls, das machen zu können, worauf man Lust hat. Und sich mit Menschen umgeben zu können, die man gernhat. Ja, das macht mir Freude.

Was sind Ihre wichtigsten Werte?

Liebe. Herzlichkeit. Offenheit und Toleranz. Jeden Tag mit ruhigem Gewissen in den Spiegel schauen zu können, weil man seinen Mitmenschen gegenüber ehrlich ist.

Wenn Sie an die Menschen, die Gesellschaft und die Zukunft denken, was macht Ihnen Sorgen?

Sorgen macht mir, dass es innerhalb der Gesellschaft immer weniger Toleranz gibt. Viele Menschen nehmen Dinge einfach als selbstverständlich an, etwa Demokratie,

Karl Reyer jun.

Meinungsfreiheit oder sauberes Trinkwasser. Es wird immer schwieriger Konsens zu finden, nicht nur in der Politik. Wir sind einfach überreguliert, und das lähmt zunehmend den Hausverstand und das Zusammenleben.

Haben Sie einen Lieblings- oder Wohlfühlplatz?

Ja, das ist im Reitstall in Kuchl am Georgenberg. Ein magischer Platz.

Wovor haben Sie Angst?

Die Manipulation durch *fake news*, das macht mir richtig Angst.

Wenn Sie an die Gesellschaft der Zukunft denken, was bereitet Ihnen die größte Freude?

Dass es auf jeden Trend immer auch einen Gegentrend gibt. Das sehen wir beim Thema Toleranz im Umgang mit sozialen Medien. Man kann den Fluch Social Media wie Facebook, Intstagram etc. sehr wohl auch als Segen sehen. Die Welt wird dadurch kleiner. Es verbindet Menschen unterschiedlicher Kontinente, mit unterschiedlicher Hautfarbe, unterschiedlichen Sprachen und Kulturen. Das ist eine Riesenchance, da gehen meine Mundwinkel nach oben, und es breitet sich ein Gefühl der Freude in mir aus.

Was bedeutet Zufriedenheit für Sie?

Ich bin zufrieden, wenn ich mit mir im Einklang bin. Wenn ich gesund bin und mich wohl fühle, weil ich Freude habe an dem, das ich mache.

Was wäre Ihr größter Traum – etwas, das Sie realisieren möchten, wenn Sie könnten?

Mich reizt die Internationalisierung meines Online-Business. Mich reizt es unheimlich, mit Pferden zu arbeiten, vielleicht über dieses Hobby auch noch andere Länder kennenzulernen, andere Kulturen. Das reizt mich sehr.

BIOGRAFIE

Karl Reyer jun., geboren am 4. November 1968, ist Unternehmer in Hallein bei Salzburg.

»Ich bin immer optimistisch«

Er mag das Gefühl, eine knifflige Situation gelöst zu haben – das macht ihm Freude, sagt Dr. Magne Setnes. Der CEO der Brau Union Österreich ist glücklich, wenn er an einem entspannten, sorgenfreien Sonntag mit seiner Familie einfach die Minuten und Stunden vorüberziehen lassen kann.

Was fällt Ihnen spontan ein, wenn Sie an Glück denken?

Being together with my wife and children and just enjoying having no particular agenda or list of things to do. As long as I can remember, I have always had ambitions about doing a lot of things. I have a lot of projects going on, both in my professional life and in my private life. Growing up as a child and throughout my education as well, I was always busy with a lot of things at the same time. In my work I travel a lot and I am often away from my family. So, I have come to appreciate those days very much where I have no particular list of things to do, and I can spend my time with my family. Maybe going for a walk with my wife and having a beer and a meal at a bar or café. I would describe it as a „carefree Sunday" with the luxury of just being able to let the hours pass without any worries.

Welche Bedeutung hat Glück für Sie?

I am quite conscious about happiness. It is important for me as a source of energy and well-being in an otherwise very busy and demanding world. I try to find moments to enjoy every day. It could be the nature or the people around me, a cold beer after work, some kind words or a conversation with my children, pausing for a moment to observe something and be conscious about it. The are many books

written about this and countless coaches are offering to teach us how to be happy. I have found that for me, in my otherwise busy life, I must sometimes tell myself to be more aware and not forget to observe the things around me and enjoy the fact that we are very lucky to live the way we do.

Gibt es einen Glücks- oder Wohlfühlplatz?

I enjoy being outdoors. Spending time in the mountains, skiing or hiking, walking along a beach in the summer, or being in a boat – maybe fishing. There are many places where I am happy and where I enjoy spending time. To me, it is important to enjoy such things together with others, family and friends. The specific location is less relevant. I enjoy the experience of visiting new places,so maybe you can say I am a bit of a vagabond.

Was sind Ihre wichtigsten Werte?

Optimistic, respectful and responsible. I am not a careless optimist, I don't expect things to go well by themselves. I worry quite a bit about many things. However, when things sometimes go differently than expected, I take a positive and optimistic view on the next steps, both in business and in my private life. I find it unproductive to focus on the negative. One of my built-in flaws is also related to optimism: I consistently underestimate the time needed to get things done, but the upside of that is that I take on a lot of challenges.

Being respectful towards others; it is not about people's positions or titles, and not about being right or wrong. It is about respecting other points of view and experience and understanding that even if you might have very different views, there is usually a reason why people are saying, doing and meaning the things that they do.

I learned early on to take responsibility for the things I do and the things I get involved in. I believe in doing what I say and being clear about it and to stand for the things I do. Responsibility to me also means that you have to acknowledge when things are not going as they should, and that you have to assume responsibility and take steps to fix it.

Was macht Ihnen die größten Sorgen, wenn Sie an die Menschen, die Gesellschaft und an die Zukunft denken?

There is a big inequality in the standards of living, safety, and health among people in the world. With the rapid acceleration of technology, there is an increasing risk of making this inequality even bigger. This can lead to conflicts among countries and parts of the world. I fear a massive overexploitation of natural resources to sustain the progress of the developed world, with the scarcity of resources and pressure on environment increasing rapidly in the next decades as the less developed countries claim their right to prosper like other nations before them.

Was bereitet Ihnen die größte Freude, wenn Sie an die Menschen, die Gesellschaft und an die Zukunft denken?

Technological advancements have made it possible for us to understand much better the impact of the things we do and how the ecosystems of our planet are working. It has enabled communication among people all over the world, and we are all better informed. While technology can accelerate unevenly and create social differences, it also has the power to unite and support us in developing new and better solutions to face the social, economical, and political challenges of the future.

Was wäre Ihr größter Traum?

That we find a way to address the environmental and resource challenges of the world to create a sustainable future for everybody to prosper in their environment.

Wenn Sie jetzt an etwas Schönes denken, was wäre das?

The time with the children when they were little. It was stressful and hard work for my wife and myself, but at the same time there was a lot of joy in little and simple things. I think there is a danger as we succeed through life that we feel the need to always go further and get more to be happy.

Was bedeutet für Sie Freude?

Enjoyment for me is often related to doing something together with friends and family, celebrating with a beer, having a good meal, spending a nice time together. I also get a lot of joy from being active. This for me typically means outdoor activities like skiing or hiking, or it could be repairing something or solving a problem. Having mastered a situation or achieved a goal is something I enjoy very much. As a result, I always have a long list of little projects at home: I enjoy the satisfaction of having created something.

BIOGRAFIE

Magne Setnes, geboren am 8. Dezember 1970 in Bergen, Norwegen. Magne Setnes ist Managing Director der Brau Union Österreich.

»Man kann nicht immer nur glücklich sein«

Wer glücklich sein möchte, muss auch Traurigkeit zulassen können, sagt Seppi Sigl. Dem Zurschaustellen von Glück in den Sozialen Netzwerken steht der erfolgreiche Unternehmer und Leiter der Trumer Privatbrauerei positiv, aber auch kritisch gegenüber.

Was fällt Ihnen spontan ein, wenn Sie an Glück denken?

Da gibt es vieles, was mir in den Sinn kommt. Das ist ja mittlerweile zu einem sehr großen Thema in unserer Gesellschaft geworden – jeder strebt nach dem ultimativen Glück. Mir fällt dazu spontan ein, dass das Streben nach Glück – auf individueller wie auch gesellschaftlicher Ebene – oft im Widerspruch steht und speziell das individuelle Streben nach Glück vielfach auch absurde Auswüchse annimmt. Die Unterscheidung zwischen kurzfristigen Glücksmomenten und der Tiefe von echtem Glück, das ist für mich wichtig.

Was bedeutet Glück dann für Sie?

Glück hat meiner Meinung nach sehr viel mit dem Gegenpol zu tun. Man muss auch zulassen können, dass es Zeiten gibt, in denen es uns nicht so gut geht. Glück oder glücklich sein ist für mich sehr eng verbunden mit traurig sein. Nur im Wechselspiel dieser Emotionen liegt für mich das wahre Glück. Wenn jemand versucht, immer nur glücklich zu sein – das geht einfach nicht. Nur wenn man zulässt, dass es einem auch einmal schlecht geht, dass man traurig ist oder wütend, kann es einem danach wieder richtig gut gehen. Leben bedeutet für mich Licht und Schatten. Es gibt nicht nur Licht und es gibt nicht nur Schatten. Wenn man das zulassen und akzeptieren

kann, dass es eben beides gibt, dann liegt darin schon ein großer Quell an Glück. Alles andere ist Trugschluss. Heute ist das in Zeiten von Social Media schon sehr gefährlich, finde ich. Immer darzustellen, wie glücklich man ist, wie toll alles ist. Das stimmt so einfach nicht. Man kann nicht immer nur glücklich sein. Und das ist auch gut so. Auf der anderen Seite haben die sozialen Netzwerke auch etwas Positives: Man kann sich mit kreativen Menschen austauschen, Menschen, die auch manchmal querdenken, Dinge verändern wollen, in Generationen denken, und das macht mir Freude. Ein großer Quell von Glück ist meiner Meinung nach auch, sich für andere freuen zu können, das Glück von anderen mitgenießen zu können. Oder aber anderen etwas zu geben und zu spüren, dass die damit ein bisschen glücklicher werden, ein bisschen entspannter. Das ist ja mit dem Produkt Bier ähnlich: Wenn man gemeinsam nach einem stressigen Tag einen Schluck Bier trinkt, sich zurücklehnt und einfach nur genießt. Abseits des Digitalen. Einfach sein. Das ist schön.

Wenn Sie an die Menschen und die Gesellschaft in der Zukunft denken, worauf freuen Sie sich?

Auf viele motivierte junge Menschen, die Lösungen zu gesellschaftlichen Problemen finden. Zu sehen, wie sehr sich diese Jugend eine positive Veränderung wünscht. Aber auch Mitmenschlichkeit – da gibt es sehr viele gute Ansätze. Das macht Hoffnung.

Und welche Sorgen haben Sie, wenn Sie an die Gesellschaft der Zukunft denken?

Sorgen mache ich mir, wenn ich daran denke, wie wir mit Mutter Erde umgehen. Das ist etwas, was mich schon belastet. Ich schwanke oft zwischen Wut und Enttäuschung, aber auch Hoffnung – dass der Mensch doch noch umdenkt, dass wir alle das Umdenken schaffen. Und natürlich ist auch sozialer Frieden ein Thema, das mich beschäftigt. Meine Generation ist bis dato ja mit einem großen Gefühl der Sicherheit aufgewachsen. Wir sind mit der vielleicht trügerischen Sicherheit aufgewachsen, dass kein Krieg ausbrechen wird. Momentan hat man so das Gefühl, dass das auf Dauer vielleicht nicht so bleiben wird. Aber da habe ich auch die Hoffnung, dass sich alles zum Guten wenden wird. Wenn ich junge Menschen sehe, wie die wieder miteinander umgehen, dann versuche ich den Optimismus hochzuhalten.

Was treibt Sie als Geschäftsmann an?

Meine Hauptantriebsfeder und der Grund, warum ich überhaupt selbstständig bin, ist der Wunsch, Teil einer Veränderung zu sein. Etwas in eine positive Richtung zu verändern, einen kleinen Teil dazu beizutragen, dass die Welt stabil bleibt. Ich spüre den Auftrag, ich weiß, warum ich das alles mache. Und dabei geht es nicht um Gewinnmaximierung. Ich habe sehr grüne Denkansätze und denke immer wieder sehr idealistisch. Und hier kann ich diesen Idealismus als Unternehmer voll ausleben. Das ist ein ganz wesentlicher Aspekt, warum ich das alles mache. Sicher nicht, um reich zu werden im Sinne von materiellem Reichtum. Das ist bei mir vielleicht noch einmal anders, weil ich in eine lange Tradition hineingeboren wurde – ich bin die achte Generation der Trumer Privatbrauerei. Da denkt man nicht an kurzfristigen Gewinn. Man denkt in Generationen. Ich denke jetzt darüber nach, was ich der nächsten Generation übergebe. So weit zu denken, über neue Lösungen nachdenken zu dürfen, das erfüllt mich sehr. Wir konnten Anfang dieses Jahres zum Beispiel unser erstes Trumer Braufunding zu einem positiven Abschluss bringen. Da ging es darum, zwei kleinere „Innovationstanks" anzuschaffen, in denen Kleinmengen lagern können. Diese Versuchssude sollen es künftig erleichtern, Neues auszuprobieren und Produktinnovationen auf hohem Niveau zu kreieren.

Sie sind ein erfolgreicher Unternehmer und viel unterwegs.
Woher nehmen Sie Ihre Energie?

Es gibt für mich drei zentrale Aspekte, die mir Ausgeglichenheit und Glück geben. Das ist die Natur, das sind positive soziale Beziehungen und der kulinarische Genuss. Ganz wesentlich sind für mich dabei gute, natürliche Lebensmittel. Die Ruhe und die Natur geben mir sehr viel Energie – Berge, Seen oder Wald sind alle große Energiequellen für mich. Essen und Trinken wird zu unserem Fleisch und Blut – da ist es doch wichtig, dass wir drauf schauen, was wir zu uns nehmen.

Welche Werte sind Ihnen persönlich am wichtigsten?

Gute soziale Beziehungen sind mir sehr wichtig. Da geht es natürlich viel um die Familie und Freunde, aber auch Menschen, mit denen man zusammenarbeitet. Mit positiven, kreativen Menschen im Austausch zu stehen, mit Menschen, die auch einmal querdenken, um Dinge zu verändern, zu bewegen. Das macht mir Freude.

BIOGRAFIE

Josef „Seppi" C. Sigl, geboren am 4. September 1982 in Salzburg, übernahm 2013 die Brauereileitung der Trumer Privatbrauerei in Obertrum am See und führt die Geschicke des Familienbetriebs in achter Generation fort.

»Glück und Unglück kann man nur mit ohnmächtiger Hoffnung begegnen«

Mit den Begriffen Zufall, Glück und Pech stehe er auf Kriegsfuß, sagt Peter Simonischek. Viel zu wenig fassen ließen sie sich. Wenn er an Glück denkt, fällt dem Schauspieler aber spontan seine Mutter ein. Und vierblättriger Klee.

Was fällt Ihnen spontan ein, wenn Sie an Glück denken?

Ich denke an meine Mutter, die unentwegt vierblättrigen Klee suchte. Geradezu zwanghaft glitt ihr Blick über Gras und Wiese, wenn man mit ihr in der Natur unterwegs war. Sie fand Unmengen davon. Aus manchen verstaubten Büchern oder Alben, hervorgeholt und aufgeschlagen, gaukelt so ein Vierblättler zu Boden. Eine Ironie: Sie selbst hatte wenig Glück in ihrem Leben. Man könnte also sagen: „Glück ist, was vorne an deine Tür klopft, während du hinten im Garten nach vierblättrigem Klee suchst."

Welche Bedeutung hat Glück für Sie?

Ich stehe mit Zufall, Glück und Pech insofern auf Kriegsfuß, als dass sich darüber nichts Verbindliches sagen lässt. Glück und Unglück sind allmächtige Gegner, die nicht zu fassen sind. Man kann ihnen nur mit ohnmächtiger Hoffnung begegnen.

Haben Sie einen persönlichen Glücks- oder Wohlfühlplatz?

Zwischen Glücksort und Wohlfühlplatz sehe ich leider keine Verbindung. Einen

Peter Simonischek

Platz, an dem ich mich wohl fühle, werde ich jedes Mal aufsuchen, wenn ich ein Restaurant betrete und mich für diesen oder jenen Tisch entscheiden muss. Ob dann ein mieses Essen serviert wird oder ein köstliches, hat nichts mit dem Wohlgefühl zu tun, das der ausgewählte Platz gewährt.

Warum haben Sie sich für diesen Glücks- oder Wohlfühlplatz entschieden?

Für einen Wohlfühlplatz habe ich mich entschieden, um mich wohl zu fühlen. Für einen Glücksplatz kann ich mich nicht entscheiden, denn es wird sich erst nach der Entscheidung herausstellen, ob es sich um einen Glücksplatz gehandelt hat oder nicht. Außerdem ist „Glück“ so relativ, dass gar keine Aussage darüber getroffen werden kann. Ein Spruch aus dem reichen jüdischen Humor heißt: „Gott verschone uns vor allem, was gerade noch ein Glück ist!

Was sind Ihre wichtigsten Werte?

Nächstenliebe, Aufrichtigkeit, soziales Verhalten.

Welche Sorgen haben Sie, wenn Sie an die Menschen, die Gesellschaft und die Zukunft denken?

Die menschliche Gier.

Was bereitet Ihnen die größte Freude, wenn Sie an die Menschen, die Gesellschaft und die Zukunft denken?

Dass ich das nicht mehr erleben muss.

Was wäre Ihr größter Traum?

Ein Traum, den ich mir nicht erfüllt habe, ist Paragliding oder Drachenfliegen. Was aber noch möglich ist: Tauchen am Great Barrier Reef.

Wenn Sie jetzt an etwas Schönes denken, was wäre das?

Tauchgänge mit meinen Söhnen. Schnorcheln in den Korallen mit meiner Frau.

Was bedeutet für Sie Freude?

Darüber gibt es nichts Treffenderes zu sagen als es Friedrich Schiller gelungen ist in der *Ode an die Freude*. Wer verlernt hat sich zu freuen, hat das Kostbarste verloren, das unser Leben lebenswert macht.

Wovor haben Sie Angst?

Vor blinder Gewalt. Vor religiösen Fanatikern.

Womit sind Sie zufrieden?

Mit allem, was kein Unglück ist.

Wie lautet Ihr Lebensmotto?

Bereit sein ist alles.

BIOGRAFIE

Peter Maria Simonischek, geboren am 6. August 1946 in Graz, ist ein österreichischer Schauspieler.

»Glück ist, wenn man erkennt, dass man genug hat«

Er ist glücklich mit dem, was gerade da ist, sagt Hans Söllner. Für das Glück unserer Gesellschaft wünscht sich der bayerische Liedermacher das bedingungslose Grundeinkommen – für eine Gleichbehandlung aller Menschen.

Was fällt Ihnen spontan ein, wenn Sie an Glück denken?

Mir fällt ein, dass ich satt bin. Ich habe keinen Hunger. Ich habe etwas zu essen. Ich habe die Möglichkeit, mir Nahrungsmittel zu besorgen. Glück bedeutet für mich, so viel zu haben, dass ich kein Problem habe, jemand anderem etwas davon zu geben. Glück ist, wenn man erkennt, dass man genug hat. Glück ist, wenn du erkennst, dass es für dich reicht. Ich bin mit dem glücklich, was zurzeit da ist.

Was die Gesellschaft betrifft, da fordere ich ein bedingungsloses Grundeinkommen. Das bedeutet, meiner Meinung nach, ein Leben ohne Streit, ohne Hunger, ohne Neid und ohne Diskriminierung. Jeder bekommt einen Tausender. Sechs Menschen im Haushalt bedeutet 6.000 Euro. Jeder hat alles, was er braucht. Und wenn ich einen Porsche möchte, dann muss ich halt mehr leisten. Wir sollten alle gleich behandelt werden.

Habe Sie einen persönlichen Glücks- oder Wohlfühlplatz?

Mein Zimmer zuhause. Hier habe ich gelebt, bis ich neun Jahre alt war. Heute nutze ich das berufsmäßig. Oder ich sitze draußen unter den Bäumen, die ich für meine Buben gepflanzt hab. Das ist mein Glücksmoment, ein Ursprungsglück. Zuhause.

Hans Söllner

Welche Sorgen haben Sie, wenn Sie an die Menschen, die Gesellschaft und die Zukunft denken?

Die Sexualität unserer Kinder macht mir Sorgen. Schon mit acht Jahren sehen sie auf ihren Handys alles. Das ist eine grundsätzliche Bedrohung. Die schlimmsten Sachen wie Mord oder Totschlag dürfen sie sehen, die schönen wie etwa Sex aber nicht. Da ist der Film dann erst ab 18 Jahren. Da stimmt doch etwas nicht.

Worauf freuen Sie sich, wenn Sie an die Menschen, die Gesellschaft und die Zukunft denken?

Widerstand macht mir Freude, ziviler Ungehorsam. Ich freu mich über Stuttgart 21. Und ich merke an meinem Publikum, dass es eine Generation gibt, die gerne hinterfragt. Die sich nicht mit dem zufrieden gibt, wie es eben ist. Das ist gut.

BIOGRAFIE

Hans Söllner, geboren am 24. Dezember 1955 in Bad Reichenhall, ist ein bayerischer Liedermacher.

»Ich bin Optimistin«

Glücklich ist sie dann, wenn sie Brot mit Tomaten isst, dazu Öl und ein wenig Chili, sagt Margaret Tayar. Die Köchin aus Jaffa/Tel Aviv schaut grundsätzlich nicht in die Zukunft und sagt, sie sei immer optimistisch.

Was kommt Ihnen spontan in den Sinn, wenn Sie an Glück denken?

Jetzt im Moment: das Restaurant zu schließen und zu meinem Lieblingscafé zu gehen. Dort drei Stunden zu sitzen, die Menschen um mich herum zu beobachten. Eine Kleinigkeit zu essen, vielleicht einen grünen Salat. Und das alles allein. Ich genieße die seltenen Momente, in denen ich alleine bin, weil ich jeden Tag mit Leuten zu tun habe. Ich bin auch Mitglied der Black Panthers. Wir kämpfen gegen Diskriminierung von jüdischen Immigranten, die aus Nordafrika und dem mittleren Osten nach Israel kamen. Mein Mann war ein großer Kämpfer der Black Panthers. Er starb vor 24 Jahren, sein Name war Victor Tayar.

Was macht Ihnen Freude?

Für Menschen zu kochen und zu sehen, wie sie mein Essen genießen, macht mir Freude.

Wann sind Sie glücklich?

Wenn ich Brot mit Tomaten, Öl und ein wenig Chili esse, dann bin ich glücklich.

Haben Sie einen Lieblingsplatz?

Ja, einen bestimmten Stuhl in meinem Restaurant.

Margaret Tayar

Wenn Sie an die Menschen, die Gesellschaft und die Zukunft denken, was bereitet Ihnen am meisten Sorgen und was am meisten Freude?

Ich schaue nicht in die Zukunft. Ich bin glücklich mit meinem Leben. Ich bin immer optimistisch.

Was ist Ihr Lebensmotto?

Halte dich von Menschen mit negativer Energie fern. Sie zerstören deine Seele.

BIOGRAFIE

Margaret Tayar ist eine der bekanntesten Köchinnen Israels und in der Gastronomie als die „Mutter aller Köche“ bekannt. Ihr Ehemann Victor Tayar war einer der führenden Köpfe der Protestbewegung Black Panthers, die sich für soziale Gerechtigkeit für sefardische und afro-asiatische Juden einsetzt.

»Glück liegt in den Momenten«

Wenn er an die Jugend denkt, ist er zuversichtlich, was die Zukunft betrifft, sagt Anton Vogl. Der Chef der Brennerei Guglhof sieht sein Elternhaus und seine Familie als großes Glück. Und erlebt Glücksgefühle vor allem im Moment.

Was fällt Ihnen spontan zum Thema Glück ein?

Für mich sind es in erster Linie bestimmte Momente. Mehr ist es nicht. Ein ständiges Glücksgefühl kann es meiner Meinung nach nicht geben. Wenn etwas gelungen ist, mit dem man vielleicht gar nicht gerechnet hat, dann hat man dieses Gefühl. So geht es halt mir.

Wann ist Ihnen zuletzt etwas gelungen?

Zum Beispiel im künstlerischen Bereich. Ich bin ein kleiner Kunstsammler im sehr bescheidenen Rahmen. Wenn ich etwas für mich Besonderes erwerbe, dann habe ich ein schönes Gefühl. Und wenn ich mir dieses Kunstwerk dann zuhause anschaue, dann habe ich diese Glücksgefühle immer wieder. Was das Berufliche betrifft, erinnere ich mich da zum Beispiel an unser Whisky-Erlebnis. Wir sind ja eine Brennerei, die sich vorwiegend mit Früchten beschäftigt, von Apfel über Zwetschke bis Vogelbeere. Vor einigen Jahren haben wir uns dazu entschlossen, mit dem Whisky ein für uns völlig neues Produkt zu generieren. Wenn das dann klappt und die Leute sagen: „Der ist ja richtig gut, der TauernROGG Single Malt Whisky, und der kommt aus Salzburg!“, das erfüllt mich dann.

Anton Vogl

Haben Sie einen Lieblings- oder Wohlfühlplatz?

In unserer Wohnung fühle ich mich eigentlich überall wohl. Wenn ich meine Ruhe haben möchte, weil ich beispielsweise lesen will, kann ich mich zurückziehen. Ich hab da einen ausgebauten Dachbereich, dort sind meine Bücher, ein paar Kunstwerke. Das ist mein persönlicher Rückzugsort. Wobei ich auch sagen muss, dass ich mich jeden Tag darauf freue, wenn ich in die Firma gehen kann. Ich bin immer der Erste in der Firma und bin dort einfach gerne.

Was sind Ihre wichtigsten Werte?

Im zwischenmenschlichen Bereich ist das Verlässlichkeit. Auf meine Familie muss ich mich verlassen können. Auf meine Frau, meine Kinder. Ein Haus ohne Fundament wird nicht halten. Das ist für mich in diesem Zusammenhang das Wichtigste. Man muss sich alles ausreden können. Bei uns kann jeder seine Meinung sagen. Und das passt bei uns zum Glück sehr gut.

Was ist Ihr größter Traum?

Die Träume, die ich hatte, habe ich eigentlich im Großen und Ganzen alle realisiert. Am Anfang hat das gewirkt wie ein Riesenberg, den man nicht bewältigen kann. Früher gab es Dinge, die ich in der Familie besprochen oder angekündigt habe – ein Vorhaben, das ich umsetzen wollte. Da gab es schon immer wieder Stimmen, die gesagt haben: Das wird nicht klappen, da übernimmst du dich. Aber schlussendlich ist alles irgendwie gegangen. In den letzten Jahren habe ich eigentlich alle Baumaßnahmen abgeschlossen, und heute ist es so, wie ich es mir gewünscht habe. Da ist schon ein Traum in Erfüllung gegangen.

Was macht Ihnen die größten Sorgen, wenn Sie an die Menschen, die Gesellschaft und die Zukunft denken?

Naja, die täglichen Meldungen, die man liest, die können einem schon Sorge bereiten. Letztendlich weiß man nicht, wie die vielen Dinge, die auf unserer Erde passieren, in Zukunft noch eskalieren können. Manche Krisenherde scheinen weit weg zu sein, aber im Endeffekt betreffen sie uns ja doch alle. Oftmals fußt das auf der Unfähigkeit der Politik, der Politiker, dass Dinge eskalieren und eine schlechte

Eigendynamik entwickeln. Wir sind direkt Betroffene, obwohl wir nicht der Krisenherd sind. Es machen sich ja Millionen auf den Weg, damit sie nach Europa kommen – ins gelobte Land. Aber das wird so nicht möglich sein. Das würde unsere Gesellschaft so durcheinanderwirbeln, dass wir uns selber nicht mehr auskennen. Das würde Riesenprobleme für uns verursachen. Ich glaube, es gibt da nur einen Weg: Man muss den Menschen direkt vor Ort helfen und darauf schauen, dass die Mittel korrekt und nachhaltig eingesetzt werden. Anders wird es nicht gehen.

Was macht Ihnen die größte Freude, wenn Sie an die Menschen, die Gesellschaft und die Zukunft denken?

Die größte Freude macht mir, wenn ich meine Kinder beobachte – ich habe ja acht Enkelkinder – und sehe, wie die sich entwickeln. Da bin ich schon zuversichtlich, weil die heranwachsende Jugend lernwillig ist. Es ist eine Freude zu sehen, wie lernwillig die sind. Die saugen das Wissen geradezu auf. Das ist enorm wichtig – schließlich sind sie unsere Zukunft. Nur Wissen macht stark. Und ich denke, diese Jugend wird die Zukunft gut gestalten.

Möchten Sie zum Thema Glück noch etwas sagen?

Zum Glück gehört dazu, dass ich dieses Elternhaus hatte. Zum Glück gehört dazu, dass ich die richtige Frau gefunden habe. Zum Glück gehört dazu, dass ich drei gesunde Söhne habe, die alle tüchtig sind. Und die wiederum Familien gegründet haben.

BIOGRAFIE

Anton Vogl, geboren am 9. April 1947 in Hallein, ist Inhaber der Brennerei Guglhof in Hallein bei Salzburg.

»Das Glück der Tüchtigen«

Jeder Mensch hat Glück, sagt Peter Weck. Der Bühnen- und Filmschauspieler ist der Meinung, es liege an jedem Einzelnen, es zu ergreifen und das Beste für sein Leben daraus zu machen. Er selbst wollte sich nie so richtig auf das Glück alleine verlassen.

Was fällt Ihnen spontan ein, wenn Sie an Glück denken?

Ich wurde schon oft gefragt, ob ich viel Glück gehabt habe in meinem Leben. Generell behaupte ich, jeder Mensch hat Glück. Kann man das Glück verwerten, also hat man die Befähigung dazu, dann vollendet sich dieses Glück. Das bedeutet auf den Beruf bezogen: Wenn man schwach begabt ist, wird man Glück nicht verwerten können. Deswegen hat der Untalentierte dauernd Pech. Wenn ich das auf mein Leben und meinen Beruf ummünze, dann habe ich mich nie auf das Glück allein verlassen. Vielmehr habe ich immer versucht, meinen Beruf, so gut es mir möglich war, zu beherrschen. Und dann wird sich das Glück irgendwann dazugesellen. Im Grunde genommen kann man Glück auch steuern. Nehmen Sie das Glück eines Lotteriespieles. Ich habe in meinem Leben noch nie etwas gewonnen, ich habe nicht einmal eine Seife gewonnen. In dieser Hinsicht fehlt mir jegliches Glück. Aber das ist ja auch das Zufallsglück, auf das habe ich mich sowieso nie verlassen.

Und was kommt Ihnen zum Thema Freude in den Sinn?

Ich mag es, wenn Menschen nicht kriecherisch sind, sondern einfach freundlich. Wenn das Gegenüber angenehm und entgegenkommend ist, spiegelt man das unbewusst. Weil man sich einfach nicht wohlfühlen würde, wenn man sich solchen Leuten gegenüber dann unwirsch verhält. Viel zu viele Menschen, die man auf der

Straße sieht, schauen so missmutig drein. Ich denk mir dann oft, die können kein angenehmes Leben haben. Oder aber, sie machen es sich selbst schwer. Es gibt leider sehr viele Menschen, die im Leben nur das Schlechte sehen und suchen. Und das sieht man denen dann irgendwann auch an.

Was ist Ihr persönlicher Glücks- oder Wohlfühlplatz?

In der Natur bin ich gerne, aber nicht an einem bestimmten Ort, sondern im Wald.

Dabei ist es mir völlig egal wo. Mein Wohlfühlplatz ist dort, wo ich die Ruhe genießen kann.

Was macht Ihnen die größten Sorgen, wenn Sie an die Menschen, die Gesellschaft und an die Zukunft denken?

Am meisten Sorge bereitet mir, dass viele Menschen nach außen irgendetwas vorspielen, das sie gar nicht sind. Dass Äußerlichkeiten so wichtig, so zentral geworden sind und damit auch die Oberflächlichkeit zunimmt. Sehr bedenklich finde ich auch die Kontaktarmut. Das möchte ich gerne anhand eines Beispiels beschreiben. Unlängst war ich in einem Restaurant, da hab ich eine Familie mit fünf Personen gesehen. Die Eltern haben sich mit ihren drei Kindern an einen Tisch gesetzt und nicht die Speisekarte in die Hand genommen, sondern das Handy. Jeder hatte ein Handy. Die haben nicht miteinander gesprochen, sondern sogar während des Essens mit dem Handy gespielt. Das ist so eine Armut, die über die Menschen hereinbricht. Ich honoriere es, wenn die Kinder selber lesen und ihre Ideen und Vorstellungen entwickeln. Das ist doch viel besser, als alles nur noch über Geräte zu empfangen. Ich bin mir sicher, dass sich diese Armut irgendwann rächen wird.

Ich sehe, wenn ich beispielsweise Lesungen habe, wie es den Leuten gefällt, wenn ich erzähle und nicht lese. Das kann ich nur machen, wenn ich aus meinem Buch lese, bei Literatur kann ich das nicht machen. Aus meinem Buch lese ich dann zehn Minuten vor, die restlichen 90 Minuten erzähle ich – ohne Pause. Aber nicht eingelernt, sondern das, was mir gerade in den Sinn kommt. Einfach meine Lebenssituationen. Da sind die Menschen so angetan, dass sie mich nicht weglassen. Und das ist für mich sehr erfüllend. Früher hatte ich gar nicht die Zeit für so etwas. Jetzt habe ich sie, weil ich sie mir einfach nehme. Ich habe lange genug im Theater auf das schwarze Brett geschaut, wann die Proben sind, wann ich wo sein muss – hab richtig nach Fahrplan gelebt. Jetzt genieße ich, dass es anders ist, obwohl das Wort „genießen" auch eine heikle Sache ist. Es gefällt mir. Ich schätze es, die Zeit anders zu verbringen. Wenn ich von einer Lesung nach Hause fahre und mir denke, das war ein richtig gelungener, schöner Abend, dann ist das auch ein Glücksgefühl.

Was bereitet Ihnen die größte Freude, wenn Sie an die Menschen, die Gesellschaft und an die Zukunft denken?

Ich kann mich unendlich freuen, wenn ich in eine Vorstellung gehe und die ist so gut, dass ich glücklich aus dem Theater gehe. Das kommt nicht oft vor, muss man leider sagen. Ein Beispiel: Sie gehen ins Theater, sehen 20 Menschen auf der Bühne, und keinen interessiert es. Vielleicht wird dann halt über die Kostüme gesprochen. Das ist schon ein schwacher Abend. Je älter man wird, desto kostbarer wird die Zeit. Früher konnte nichts genug gehen, jetzt möchte ich am liebsten bremsen.

Gibt es etwas, das Sie zum Thema Glück und Freude noch erzählen möchten?

Ich bin kein Mensch, der in Zufriedenheit lebt. Das Wort Zufriedenheit allein ist für mich schwerfällig. Es ist meist nur ein oberflächliches Wort. Bestimmte Wünsche habe ich eigentlich nie gehabt. Aber bei meiner Frau, da war das manchmal ganz eigenartig. Wenn ich zu ihr gesagt habe, ich würde mir dies oder jenes nicht wünschen, dann ist das plötzlich so gekommen. Sie hat dann immer gesagt, das ist ihr unheimlich.

BIOGRAFIE

Peter Weck, geboren am 12. August 1930 in Wien, ist ein österreichischer Bühnen- und Filmschauspieler, der auch als Regisseur, Theaterproduzent und Theaterintendant tätig war.

»Die eigene Lebenszeit sinnvoll nutzen«

Glück ist für sie ein Gefühl, als könnte sie die ganze Welt niederreißen, sagt Stephanie Widmer. Für ihren Band-Kollegen Alexander Köck ist Glück, Lebenszeit sinnvoll zu nutzen, ohne sich von Meinungen und Urteilen anderer beirren zu lassen. Das Indie-Rock-Duo Cari Cari im Gespräch über Glück und Freude.

Was kommt Ihnen spontan in den Sinn, wenn Sie an Glück denken?

Stephanie Widmer: Wenn man von innigen Wünschen oder Begierden, nachdem man diesen lang hinterhergelaufen ist, ablässt und sie sich im selben Moment erfüllen.

Alexander Köck: Glück ist für mich Zufriedenheit.

Welche Bedeutung hat Glück für Sie?

Stephanie Widmer: Glück ist für mich eine „Gefühls-Zone" – im Reinen mit sich selbst zu sein. Die Dinge funktionieren wie gewünscht und man hat ein Gefühl, als könnte man die Welt niederreißen.

Alexander Köck: Glück ist, wenn ich meine Lebenszeit so nutze, wie es mir am sinnvollsten erscheint, und ich mich dabei nicht von Meinungen und Urteilen anderer beirren lasse.

Haben Sie einen persönlichen Glücks- oder Wohlfühlplatz?

Stephanie Widmer: Verwandte von mir haben in der Steiermark, im tiefsten Gebirge, eine Holzhütte auf einer Lichtung. Es gibt dort keinen Strom, gekocht wird mit

Stephanie Widmer & Alexander Köck

einem Holzofen, und das Einzige, was man hört, sind die Geräusche des Waldes. Das ist mein Glücks- und Wohlfühlplatz.

Alexander Köck: Der Garten vor unserem Proberaum im Sommer.

Warum haben Sie sich für diesen Platz entschieden?

Stephanie Widmer: Immer wenn ich in den Graben hineinfahre und zum Berg aufblicke, bleibt die Zeit stehen. Wenn alles hektisch erscheint und die Zeit zum größten Feind wird, ist es umso wichtiger, alles hinter sich zu lassen und das Jetzt zu genießen. Meine Tante spielt hier eine große Rolle für meine persönliche

Entschleunigung. Sie strahlt das Glück förmlich aus, das steckt an. Ein Engel!

Alexander Köck: Immer wenn wir ein Erfolgserlebnis im Studio haben oder etwas schreiben, das uns begeistert, liegen wir zu zweit dort in der Wiese und reden aufgeregt darüber, was gerade passiert ist, wie Kinder.

Was sind Ihre wichtigsten Werte?

Stephanie Widmer: Liebe, Freundschaft, Familie, Gesundheit und sich selbst nicht gar so ernst zu nehmen.

Alexander Köck: Zufriedenheit.

Welche Sorgen haben Sie, wenn Sie an die Menschen, die Gesellschaft und die Zukunft denken?

Stephanie Widmer: Die Umweltverschmutzung und Zerstörung von wunderschönen Orten überall auf unserem Planeten.

Alexander Köck: Die Gier.

Was bereitet Ihnen die meiste Freude, wenn Sie an die Menschen, die Gesellschaft und die Zukunft denken?

Stephanie Widmer: Dass sich dann oft die Dinge doch zum Guten wenden :)

Alexander Köck: Durch gesellschaftliche und technologische Entwicklung ist eine Demokratisierung in vielen Bereichen entstanden. Es gibt extreme Profitgier, aber es gibt auch viele Menschen, die viele gute Dinge aus Idealismus tun. Und für diese Menschen war es noch nie leichter, gesehen und gehört zu werden, als heute.

Was wäre Ihr größter Traum?

Stephanie Widmer: Genug Geld zu haben, um große Landstriche zu kaufen, zu Nationalparks zu erklären und vor der Zerstörung zu bewahren.

Alexander Köck: Immer so zufrieden zu sein, wie ich es im Moment bin.

Wenn Sie jetzt an etwas Schönes denken, was wäre das?

Stephanie Widmer: Mit Koalabären kuscheln oder eine Katze sein.

Alexander Köck: Ein Tag im Sommer ohne Termine und Deadlines.

Was bedeutet Freude für Sie?

Stephanie Widmer: Positives genießen und an dem, was so zufällig oder geplant im Leben passiert, Freude haben. „Stop to smell the roses."

Alexander Köck: Mit voller Aufmerksamkeit und ganzem Herzen etwas zu tun und im Moment zu leben.

Wovor haben Sie Angst?

Stephanie Widmer: Vor bösen Gedanken. Zum Beispiel Selbstzweifel. Dann wird man selbst zu seinem größten Feind.

Alexander Köck: Vor Sackgassen.

Womit sind Sie zufrieden?

Stephanie Widmer: Ehrlich? Man traut es sich fast nicht zu sagen, aber ich bin wirklich mit meiner gesamten Lebenssituation zufrieden. Ich bin gesund, ich fühle mich geliebt und mache beruflich, was mich erfüllt. What else could I wish for? Ich finde, Zufriedenheit ist mit den eigenen Erwartungen und Vorstellungen eng verknüpft. Ich glaube, der Mensch kann sehr leicht zur Geisel seiner Ziele und Vorstellungen werden.

Alexander Köck: Mit den Abzweigungen, die ich genommen habe.

Wie lautet Ihr Lebensmotto?

Stephanie Widmer: Step by step.

Alexander Köck: Tu es!

BIOGRAFIE

Stephanie Widmer, geboren am 22. Dezember 1992 in Wien, und Alexander Köck, geboren am 15. Juli 1993 in Wien, sind Musiker. Gemeinsam gründeten sie 2014 die Indie-Rock-Band Cari Cari.

»Glück ist nicht mit Noten bewertbar«

Ehrlichkeit, Zuverlässigkeit und Vertrauen sind für ihn besonders wichtige Werte, sagt Rolf Zander. Der Oberst a. D. der Nationalen Volksarmee in der ehemaligen DDR und Kommandeur der 8. Motorisierten Schützendivision sieht in der politischen Verantwortungslosigkeit ein großes Problem für die Zukunft.

Was kommt Ihnen spontan in den Sinn, wenn Sie an Glück denken?

Das Glück ist nicht zu zwingen, so sehr es auch gewünscht ist. Glück ist nicht festzuhalten und nicht mit Noten bewertbar.

Was bedeutet für Sie Freude?

Freude ist für mich zu sehen, dass es meiner Familie gut geht. Auch, wenn ich Bestätigung durch Gleichgesinnte erhalte. Und interessante und schöne Frauen zu sehen.

Was bereitet Ihnen die größten Sorgen, wenn Sie an die Menschen, die Gesellschaft und die Zukunft denken?

Die größte Sorge macht mir, dass die Medien das Denken der Menschen verstärkt in eine schwarz-weiße Ecke schieben. Und die allerschlimmste Angst in diesem Zusammenhang ist die politische Verantwortungslosigkeit. Ich erkenne immer mehr, dass viele Politiker irgendwie ferngesteuert sind. Mich beunruhigt, dass viele nicht gründlich genug mit der eigenen Vergangenheit umgehen. Ebenfalls finde ich es schade, im Gegensatz zu meiner Jugend, dass sich immer weniger junge Menschen echte Vorbilder suchen. Anpassen ist zweckmäßig, aber es darf nicht

Rolf Zander

ohne kritisches Hinterfragen sein. Auch die Meinung vieler, dass sich Geschichte nicht wiederholt, teile ich nicht. Ich verstehe nicht, dass man aufgrund religiöser, ökonomischer und politischer Interessen von Staaten das ureigenste Bedürfnis der Menschheit nach Frieden und Miteinander oftmals nicht zulässt.

Was bereitet Ihnen die größte Freude, wenn Sie an die Menschen, die Gesellschaft und die Zukunft denken?

Viele Menschen, die optimistisch in Bezug auf ihre Lebensgestaltung das Leben meistern, haben sich schon durch diese Art lohnenswerte Ziele gesteckt. Das Leben befindet sich in einem ständigen Veränderungsprozess. Es gehört einfach dazu, vorwärtsgerichtet zu denken und an die Zukunft zu glauben. Auch wenn mir bewusst ist, dass man sich zwar Ziele stellen, aber die Zukunft niemals planen kann. Nichts klärt sich von selbst. Die Jugend ist das wichtigste Potenzial für die Entwicklung der zukünftigen Gesellschaft. Ich habe die Hoffnung, dass es wenig Spaltung zwischen den Generationen gibt. Darum ist es unabdingbar, den Zusammenhalt der Gesellschaft anzustreben und vergangene Werte und erlangtes Wissen dabei mit einzubeziehen.

Was sind Ihre wichtigsten Werte?

Ehrlichkeit, Treue, Zuverlässigkeit, Aufrichtigkeit, Vorbildwirkung.
Und Vertrauen.

Was wäre Ihr größter Traum?

Mein größter Traum wäre eine Gesellschaft, die nicht durch Angst gesteuert wird. Dass Werte wie Anständigkeit, Fleiß, Treue, Zuneigung und Solidarität wieder mehr Gehör finden.

Wovor haben Sie Angst?

Ich habe Angst davor, dass die Borniertheit und ideologisch geprägte Fehlentscheidungen von Regierungen die Menschheit in eine Katastrophe führen könnten. Persönlich habe ich Angst, durch unvorhersehbare Lebensumstände meine Selbstbestimmung aufgeben zu müssen.

Womit sind Sie zufrieden?

Zufrieden bin ich im Kreise Gleichdenkender, wenn man sich offen miteinander austauschen kann.

Wenn Sie jetzt an etwas Schönes denken, was wäre das?

Ein gut temperiertes Bier und ein Lottogewinn, den ich weiter verteilen würde.

Wie lautet Ihr Lebensmotto?

Optimistisch selbstgesteckte Ziele mit einer gewissen Harmonie zu erreichen und andere daran teilhaben zu lassen.

BIOGRAFIE

Rolf Zander, geboren am 4. April 1950 in Güstrow, Mecklenburg (Deutschland), war Oberst a. D. der Nationalen Volksarmee in der ehemaligen DDR.

»Freude im Moment der Erkenntnis«

Glück ist das Gefühl, auf dem richtigen Weg zu sein, sagt Josef Zenzmaier. In geistigen Weiten finden wir Schätze. Die Bildung der Zukunft sollte nach seiner Sicht nicht nur auf materiellen Wettbewerb achten, sondern viel mehr die Ausweitung von gedanklichen Welten fördern.

Was bedeutet Freude für Sie?

Freude liegt für mich in Momenten des Verstehens, wenn sich weitere Welten eröffnen. Wenn man etwas Schönes sieht – zum Beispiel ein Kunstwerk –, dann sind das alles Erkenntnisse, sowie auch zu entdecken, wie der Künstler etwas gesehen hat. Geistige Räume, in denen man sich bewegt und in denen man Flügel erhält.

Haben Sie einen Wohlfühlplatz?

Ich brauche ein Nest. Ein Nest, wo ich meine Ruhe habe und meine Gedanken schweifen lassen kann. In letzter Zeit mache ich ausgedehnte Wanderungen, um die Landschaft zu entdecken. Für das hatte ich früher keine Zeit.

Wenn Sie spontan an Glück denken: Was bedeutet Glück für Sie?

Das Gefühl, auf dem richtigen Weg zu sein. Sich immer wieder einzupendeln auf das, was man als richtig und wichtig empfindet. Das ist für mich ein Glücksmoment.

Können Sie sich an einen derartigen Glücksmoment erinnern?

Ja, sicher. Wenn man vier Kinder hat, erlebt man viele Glücksmomente. 1963 habe

Josef Zenzmaier

ich zum Beispiel mein erstes eigenes Auto gehabt und mit ihnen mein heimatliches Umfeld erkundet. Das war schön.

Wenn Sie an die Menschen und die Gesellschaft in der Zukunft denken – was bereitet Ihnen am meisten Sorgen?

Dass man die Werte, die wir haben oder haben sollten, nicht mehr erkennt, eher zerstört. Werte sind da, um aufzuleben. Sie sollen lebendig bleiben. Auch die Bildung als geistiger Raum kommt unter die Räder. Niemand hat mehr Zeit, es wird nur mehr verfolgt, was nutzbar oder verwertbar erscheint. Das Überbewerten des rein Rationalen macht mir Sorge. Die Geisteswissenschaften werden leider kaum mehr als wichtig empfunden.

BIOGRAFIE

Josef Zenzmaier, geboren am 5. März 1933 in Kuchl, ist ein österreichischer Bildhauer.

»Glück kann man nicht festhalten«

Rudolf Zrost braucht nicht viel, um zufrieden zu sein. Manchmal reicht dem Unternehmer zur Zufriedenheit schon ein gutes Essen und eine Flasche Wein. Und dann wären da noch die Schmetterlinge im Bauch.

Was fällt Ihnen spontan ein, wenn Sie an Glück denken?

Schmetterlinge im Bauch.

Welche Bedeutung hat Glück für Sie?

Das Glück ist wie ein Vogerl – man kann es nicht festhalten. Aber es ist so schön, wenn es ein wenig bleibt.

Haben Sie einen Glücks- oder Wohlfühlplatz?

Ja. Eine winzige Hütte auf meinem Berg.

Warum haben Sie sich für diesen Glücks- oder Wohlfühlplatz entschieden?

Von dort aus sehe ich nur Natur. Kein menschliches Bauwerk. Und alles ist mir seit meiner Kindheit vertraut.

Was sind Ihre wichtigsten Werte?

Ehrlichkeit, Vertrauen und Loyalität.

Was bedeutet für Sie Freude?

Freude zu empfinden ist mitunter der Sinn des Lebens. Ich versuche, möglichst

Rudolf Zrost

oft Freude zu empfinden: zum Beispiel, indem ich mir selbst Ziele setze und diese auch erreiche. Oder Auszeiten zu organisieren und diese gemeinsam mit meiner Frau und oder meinen erwachsenen Kindern zu genießen. Oder ganz einfach jagen zu gehen.

Was wäre Ihr größter Traum?

In 200 Jahren aufzuwachen und erklärt zu bekommen, wie man dann lebt.

Was macht Ihnen die größten Sorgen, wenn Sie an die Menschen, die Gesellschaft und an die Zukunft denken?

Die Menschen, auch in Österreich, werden immer egoistischer. Niemand ist mehr bereit, für die Gemeinschaft etwas zu opfern. Und sobald sich drei zusammenfinden, um gegen etwas zu sein, findet sich auch eine Presse, die mitmacht. So sind wir eine „Verhinderungsgesellschaft" geworden. In Österreich wie in der EU. Und genau das Gegenteil macht China.

Was bereitet Ihnen die größte Freude, wenn Sie an die Menschen, die Gesellschaft und die Zukunft denken?

Die rasend schnelle technische Entwicklung! In 50 Jahren werden wir nur noch erneuerbare Energie verbrauchen und die negative Umweltentwicklung langsam umkehren können. Dann wird auch die Jugend nicht mehr in ihrem Geburtsort, sondern „in der Welt" zuhause sein!

Wenn Sie jetzt an etwas Schönes denken, was wäre das?

Sechs Wochen Urlaub mit Frau und Hunden im Campingbus in Skandinavien. Das wäre schön.

Wovor haben Sie Angst?

Vor einem Unglück innerhalb meiner Familie. Aber eigentlich bin ich angstfrei.

Womit sind Sie zufrieden?

Mit einem guten Essen und einer Flasche Wein.

Wie lautet Ihr Lebensmotto?

Leben im Jetzt! Beruf, Freizeit und Hobbys so verbinden, dass möglichst jeder Tag etwas Schönes beinhaltet und das Leben insgesamt Spaß macht. Und das tut's!

Gibt es etwas, das Sie mir zum Thema Glück noch erzählen wollen?

Ja. Ich hatte einmal sehr wenig Geld und konnte mir nichts leisten, außer etwas zu essen, zu trinken und eine Wohnung. Aber da ist es mir auch gut gegangen. Ich weiß, dass ich mit sehr wenig auch zufrieden sein kann. Deswegen schätze ich alles, was ich darüber hinaus genießen kann, ganz besonders. Jeden Tag. Das nenne ich „Wohlfühlen“!

BIOGRAFIE

Rudolf Zrost, geboren am 19. März 1957 in Salzburg, ist Geschäftsführer des Zementwerks Leube.

»Glück ist eben Glückssache«

Obwohl jeder sprichwörtlich seines eigenen Glückes Schmied sein soll, ist er sich nicht sicher, ob jeder fähig ist, zu schmieden, sagt Andreas Zuza alias DJ Zuzee. Der Musiker entspannt am liebsten mit seiner Frau auf dem Campingplatz und findet, Glück könnte eine größere Bedeutung für ihn haben.

Was fällt Ihnen spontan ein, wenn Sie an Glück denken?

Es gibt doch so ein Sprichwort, „Man ist seines eigenen Glückes Schmied" oder so ähnlich. Ich habe aber oftmals den Eindruck, nicht jeder ist des Schmiedens mächtig. Eine Glückssache eben.

Welche Bedeutung hat Glück für Sie?

Es könnte gerne eine große oder größere Bedeutung haben.

Haben Sie einen Glücks- oder Wohlfühlplatz?

Es ist vermutlich einer, an dem ich gemeinsam mit meiner Frau entspannen kann. Vielleicht der Campingplatz im Süden.

Warum haben Sie sich für diesen Glücks- oder Wohlfühlplatz entschieden?

Ich verbinde den Campingplatz mit einem schönen Lebensgefühl. Unabhängigkeit, Freiheit, Ruhe, Entspannung, Besinnung, gute Kulinarik und vieles mehr.

Was sind Ihre wichtigsten Werte?

Ich strebe unter anderem folgende Werte in unbestimmter Reihenfolge mehr oder weniger erfolgreich an: Ehrlichkeit, Loyalität, Freiheit, Toleranz, Glaubwürdigkeit.

Andreas Zuza

Waxolutionists (v. l.): DJ Zuzee, DJ Buzz, The Bionic Kid

Was macht Ihnen die größten Sorgen, wenn Sie an die Menschen, die Gesellschaft und an die Zukunft denken?

Eben die Menschen, die Gesellschaft und die Zukunft. Dass sich viele der oben genannten Werte zusehends entfernen oder entfernt haben. Komplexe Zerklüftungen finden statt.

Was bereitet Ihnen die größte Freude, wenn Sie an die Menschen, die Gesellschaft und an die Zukunft denken?

Momentan bereitet mir davon recht wenig Freude. Da fällt mir nichts Konkretes ein.

Was wäre Ihr größter Traum?

Gemeinsam mit meiner Frau auf einem Campingplatz im Süden zu überleben, ohne finanziellen oder gesundheitlichen Druck oder Belastung. Das wär was.

Was bedeutet für Sie Freude?

Meine Frau bedeutet mir die größte Freude. Außerdem vielleicht noch zu erreichen, wonach ich strebe, und diesen Zustand halten zu können, ohne gröbere Verbiegungen meiner selbst. Ja, das würde mich auch freuen.

Wovor haben Sie Angst?

Nicht herausfinden zu können, wovor ich Angst habe. Erst wenn man das weiß, kann man damit arbeiten.

Womit sind Sie zufrieden?

Mit unserem Eheleben.

Wenn Sie jetzt an etwas Schönes denken, was wäre das?

Unsere Ehe. Ein unbeschwertes Überleben am Campingplatz.

BIOGRAFIE

Andreas Zuza alias DJ Zuzee, geboren am 4. April 1975 in Wien, ist ein österreichischer Musiker und Mitglied des österreichischen Hip-Hop-Kollektivs Waxolutionists.

»Dann geh einfach schwimmen!«

Glück ist für ihn ein wenig wie ein guter Freund, der ab und zu mal reinschaut, sagt Toni Mudrack alias Teesy. Der deutsche Musiker empfindet Freude als das innige Gefühl, eins mit dem Moment zu sein. Und ist der Überzeugung, dass Glück immer und in jedem da ist – manchmal muss man vielleicht einfach nur schwimmen gehen, um es wiederzufinden.

Was fällt Ihnen spontan ein, wenn Sie an Glück denken?

Glück ist für mich, mit meinen Freunden arbeiten zu dürfen und mein Leben frei zu gestalten. Und vielleicht etwas Spontanes. Ein Gefühl von Gelassenheit, das ich manchmal habe, wenn ich im Wald spazieren gehe und nur grün um mich herum sehe. Wenn ich merke, wie sich mein Geist dabei beruhigt.

Welche Bedeutung hat Glück für Sie?

Eine übergeordnete. Ich setze es irgendwie mit Zufriedenheit gleich. Glück ist ein wenig wie ein guter Freund für mich, der ab und zu mal reinschaut, dem man aber nicht sagen kann, dass er bleiben soll, denn er hat ein dynamisches Wesen und ist nicht gemacht für Zwänge. Er ist zwar nicht immer da, aber ich glaube, man kann seine Anwesenheit irgendwie trotzdem immer spüren. Vielleicht zieht er irgendwann bei einem ein.

Haben Sie einen Glücks- oder Wohlfühlplatz?

Der Friedhof in der Nähe meines Wohnhauses. Er wirkt wie verwunschen und ist im Winter besonders schön.

Toni Mudrack

Warum haben Sie sich für diesen Wohlfühlplatz entschieden?

Ich hab ihn beim Spazierengehen entdeckt. Er ist mir sehr sympathisch in seiner Gelassenheit und Stille, in der er die Toten beherbergt.

Was sind Ihre wichtigsten Werte?

Spontaneität, denke ich. Liebe und Offenheit. Offen gegenüber anderen, Fremdem, den Wegen der Welt. Das Leben passieren lassen. Und wenn passieren lassen heißt, dass ich verspüre, jetzt anpacken zu müssen, dann auch das.

Was macht Ihnen die größten Sorgen, wenn Sie an die Menschen, die Gesellschaft und an die Zukunft denken?

Die Umwelt. Aber ich muss sagen, obgleich die Welt voller Kriege, die Meere voller Plastik, die Menschen immer digitaler sind, bin ich doch frohen Mutes, dass es eine gute Zukunft gibt.

Was bereitet Ihnen die größte Freude, wenn Sie an die Menschen, die Gesellschaft und an die Zukunft denken?

Wenn ich sehe, wie menschlich es dort – trotz des digitalen und roboterhaften Wesens der sozialen Netzwerke – überwiegend zugeht. In meiner Tätigkeit als Musiker bekomme ich unendlich viele tolle, aufrichtige und schöne Botschaften von Menschen, die mir ihren Zuspruch senden. Das rührt mich. Menschen können zusammenhalten. Ich glaube, in jedem Menschen steckt ein wunderbarer Zuhörer, Freund, Liebhaber, Erfinder. Vielleicht gibt es im Moment nur zu viele andere Dinge, die genau auf diesen Kanälen lagern und den Fluss nicht so richtig zulassen. Aber wir arbeiten daran.

Was wäre Ihr größter Traum?

Ich habe eigentlich gar keinen so richtig großen Traum. Vielleicht eher so etwas wie einen kleinen Wunsch. Eine Familie zu haben, irgendwann mal.

Wenn Sie jetzt an etwas Schönes denken, was wäre es?

Zuhause, Ruhe, Heimat.

Was bedeutet für Sie Freude?

Freude hat ein wenig was von Ekstase. Ein Hochgefühl, in diesem Moment im Fluss zu sein. Da haben keine Gedanken an die Zukunft oder die Vergangenheit Platz. Ein inniges Gefühl, eins mit dem Moment zu sein. Ein Tor zu schießen im Fußball ist für mich innige Freude. Zusammen mit anderen den Triumph zu bejubeln. Oder wenn man an einem Song arbeitet und merkt, dass es Klick macht.

Wovor haben Sie Angst?

Dass ich bindungsunfähig bin. Klingt nach einem Männerklischee, ist aber, glaub ich, irgendwie viel tiefer verwurzelt als der Wunsch sich noch auszutoben.

Womit sind Sie zufrieden?

Mit mir. Nicht immer, aber immer öfter.

Wie lautet Ihr Lebensmotto?

Was immer auch kommt, soll kommen.

Gibt es etwas, das Sie mir zum Thema Glück noch erzählen wollen?

Der Glücksbegriff ist vielleicht ein wenig überspielt im Moment – durch tausende Ratgeber und Portale gedreht, bis man am Ende wieder eine Jagd daraus macht, die nie enden wird, solange man das Glück nicht auch mal loslassen kann. Es ist da, in jedem. Da glaube ich fest dran. Wenn es gerade nicht da ist, mach doch einfach was anderes! Geh schwimmen!

BIOGRAFIE

Toni Mudrack alias Teesy, geboren am 8. Dezember in Berlin-Kaulsdorf, ist ein deutscher Sänger, Songwriter und Rapper.

Rainer Candido

geboren 1973 in Salzburg, ist seit 20 Jahren in verschiedenen Funktionen im Bereich internationales Marketing und Kommunikation tätig. Nach einem Autounfall, bei dem eine Riesenportion Glück die Hauptrolle spielte, stellte er sich die Frage, wie andere Menschen über Glück denken. Was Glück für jeden Einzelnen bedeutet. Der diplomierte Kommunikationsfachmann lebt in Salzburg und arbeitet als Geschäftsführer des Tourismusverbandes Hallein/Bad Dürrnberg.

Christina Knauseder-Csipek

geboren 1982 in Oberndorf bei Salzburg, ist passionierte Geschichtenschreiberin. Nach vielen Jahren als PR-Verantwortliche und -Beraterin für nationale und internationale Unternehmen widmet sie sich jetzt ganz dem Schreiben. Als selbstständige Texterin und Redakteurin trifft sie regelmäßig auf viele interessante Menschen. Aber ein Buch über das Glück? Das ist etwas Besonderes. Denn das Glück, das ist ja bekanntlich ein Vogerl …

Dank an

Fritz Glaser
Ilse Helmreich
Wilfried Krebs
Susanne Kuschnig
Josef Nussbaumer
Oliver Rehrl
Doris Schreyvogel
Michael Steinitz
Stefan Wagner
Ferdinand Wegscheider

und viele mehr …

Bildnachweis:

Rainer Candido: Seiten 15, 32, 39, 47, 73, 79, 92, 116, 155, 163
Yvonne Candido: Seiten 35, 57, 95, 98, 119, 148
Lukas Gansterer: Seiten 19, 27, 174
Günther Egger: Seite 24
Cathrine Stukhard: Seite 43
Gisela Barrett: Seite 50
Bild Heinz Fischer/Pertramer: Seite 53
Paul Sprinz: Seite 61
Michael Neugebauer: Seite 64
Tibor Bozi: Seite 68
Sabine Hauswirth: Seite 76
Robin Kater: Seite 82
Mathias Lixl/Stieglbrauerei: Seite 86
Kurt-Michael Westermann: Seite 89
George Moringer: Seite 101
Felicitas Matern @feelimage: Seite 105
Scenario GmbH/Klaus Vyhnalek: Seite 109
Ariel Ohev-Ami: Seite 113
Joshua Temkin: Seite 123
Lukas Beck: Seite 126
Christian Maislinger: Seiten 130, 151, 182/183
Brau Union Österreich: Seite 133
Trumer Bier/MIK: Seite 137
Xenia Hausner: Seite 141
Bernhard Müller: Seite 145
Cari Cari/Christoph Liebentritt: Seite 159
Stefan Zenzmaier: Seite 167
LEUBE GmbH/Seidl: Seite 170
tones/Robert Krahn: Seite 177